去依附

中国化解第一次经济危机的

真实经验

1949—1952

董筱丹 温铁军 著

人民东方出版传媒
People's Oriental Publishing & Media
东方出版社
The Oriental Press

"国仁文丛"（Green Thesis）总序

因为有话要说，而且要说在我们团队近期系列出版物的前面，① 所以写总序。

我自 20 世纪 60 年代以来，从被动实践中的主动反思到 80 年代以来主动实践中的主动反思，经两个 11 年在不同试验区的历练，② 加之后来广泛开展国内外调查和区域比较研究，且已经过了知天命之年……自忖有从经验层次向理性高度升华的条件，便先要求自己努力做到自觉地"告别百年激进"，③ 遂有 21 世纪以来从发起社会大众参与改良、对"百年乡建"

---

① 这几年我们会有十几本书分别以不同作者、不同课题成果的名义问世。这些出版物都被要求做单独的"成果标识"。但我们实际上要做的仍然是这几十年的经验归纳总结和理论提升，"实事求是"地形成"去意识形态化"的话语体系。由此，就需要为这个分别标识的系列出版物做个总序。

② 参见即将出版的《此生无憾：温铁军自述辑录》（暂定名），其中对 20 世纪 80—90 年代在官方政策部门开展农村改革试验区及新世纪启动民间为主的新乡村建设试验区，两个 11 年的经历分别予以归纳。

③ 参见温铁军：《告别百年激进》，东方出版社 2016 年版。这是我 2004—2014 年这 10 年演讲录的上卷，主要是与全球化有关的宏大叙事和对宏观经济形势的分析，甫一出版即被书评人排在当月优选 10 本财经类著作的第一位。

（Rural Reconstruction）之言行一致地接续，而渐趋达至"国仁"思想境界，亦即一般学人必须"削足"才能跟从制度"适履"，但只要纳入主流就碍难达到的"实践出真知"。

因此，我在2016年暑假从中国人民大学退休之际，要求为今后几年的一系列出版物担纲作序，也主要是想明了指出"国仁文丛"何词何意，亦即：这个丛书是什么思路和内涵。

一、释义之意

"国"者，生民聚落之域也。"上下五千年"是中国人开口就露出来的文化自豪！就在于，人类四大文明古国除了中华文明得以历经无数朝代仍在延续之外，其他都在奴隶制时代以其与西方空间距离远近而次第败亡。由此看中国，唯其远在千山万水之隔的亚洲之东，尤与扩张奴隶制而强盛千年的西方相去甚远，且有万代众生勉力维护生于斯而逝于斯之域，"恭惟鞠养，岂敢毁伤"，兹有国有民，相得益彰。遂有国民文化悠久于国家存续之理，更有国家历史传承于国民行动之中。

"仁"者"爱人"，本源于"仁者，二人也"。先民们既受惠于光风水土滋养哺育的东亚万年农业，又受制于资源环境

"国仁文丛"(Green Thesis)总序

只能聚落而居,久之则族群杂处,而需邻里守望、礼义相习,遂有乡土中国仁学礼教上下一致维系大一统的家国文化之说,于是天下道德文章唯大同书是尊。历史上每有"礼崩乐坏",随之社会失序,必有国之不国,无以为家。是以,"克己复礼为仁"本为数千年立国之本,何以今人竟至于"纵己毁礼为恶"……致使梁漱溟痛感"自毁甚于他毁"的现代性为表、横贪纵欲为里之巨大制度成本肆无忌惮地向资源环境转嫁而致人类自身不可持续!

据此可知我们提出"国仁"思想之于文丛的内涵:

中国人历史性地身处三大气候带覆盖、差异显著的复杂资源地理环境下,只有以多元文化为基础的各类社会群体兼收并蓄、包容共生,才能实现并绵延中华文明数千年的历史性可持续。

这个我们每个人都身处其中的、在亚洲原住民大陆的万年农业文明中居于核心地位的"群体文化"内核,也被道家论述为"一阴一阳之谓道",进而在漫长的文化演进中逐渐形成了极具包容性的、儒释道合一的体系。[①]

[①] 最近10年一直有海内外学者在研究乡建。国外有学者试图把中国乡建学者的思想上溯归源到孔子或老子,国内也有人问到底偏重晏阳初还是梁漱溟,还有很多人不理解梁漱溟晚年由儒家而佛家的思想演变。其实,我们从来就是兼收并蓄。在儒释道合一的顶天立地和五洲四海的融会贯通之中形成乡建思想。因此,这些海外研究者的关注点对我们来说本来不是问题。

由是，在 21 世纪初重启中国乡村建设运动之后，我们团队试图把近代史上逐步从实践中清晰起来的乡建思想，寻源上溯地与先贤往圣之绝学做跨时空结合，归纳为人类在 21 世纪转向"生态文明"要承前启后的社会改良思想。①

是以，道生万物，大德中庸。上善若水，大润民生。有道而立，大象无形。从之者众，大音希声。② 此乃百年改良思想指导下的乡村建设运动之真实写照。

基于这些长期实践中的批判性思考，我们团队认同的"国仁文丛"的图形标志，是出土的汉代画像砖上那个可与西方文明对照的、扭合在一起的蛇身双人——创造了饮食男女人之大欲的女娲，只有和用阴阳八卦作为思想工具"格物致知"了人类与自然界的伏羲有机地合为一体，才有人类社会自觉与大自然和谐共生的繁衍。蛇身双人的扭结表明在中国人传统思想中物质与精神的自然融合，既得益于多样性内在于群体文化规范而不必指人欲为"原罪"而出伊甸园；也不必非要构建某一个派别的绝对真理而人为地分裂成唯物与

---

① 本文丛并非团队的全部思想成果，但在"国仁文丛"设计之前的成果没法再纳入进来，只好如此。

② 这些年，我一直试图对承上启下的中国乡村建设运动中形成的国仁思想做归纳，遂借作序之机凝练成这段文言，意味着国仁追求的是一种"大道、大润、大象、大音"的思想境界。

"国仁文丛"（Green Thesis）总序

唯心这两个体系，制造出"二元对立结构"的对抗性矛盾。

此乃思想理论意义上的"国仁"之意。

行动纲领意义上的"国仁"，十多年前来源于英文的"Green Ground"。

我们搞乡村建设的人，是一批"不分左右翼，但分老中青"的海内外志愿者。[①] 大家潜移默化地受到"三生万物"道家哲学思想影响，而或多或少地关注我自20世纪90年代以来坚持的"三农"问题——农业社会万年传承之内因，也在于"三位一体"：在于农民的生产与家庭生计合为一体，在于农村的多元化经济与自然界的多样性合为一体，在于农业的经济过程与动植物的自然过程合为一体。

据此，我们长期强调的"三农"的三位一体，在万年农业之乡土社会中，本来一直如是。告别蒙昧进入文明以来的数千年中，乡村建设在这个以农业为基础繁衍生息的大国，历来是不言而喻之立国之本。

据此，我们长期强调的三位一体的"三农"，本是人类社会转向生态文明必须依赖的"正外部性"最大的领域，也是国家综合安全的最后载体。

---

① 中国乡建运动之所以能够延续百年而生生不息，乃在于参与者大抵做到了思想和行动上都"去激进"，不照搬西方的左右翼搞的党同伐异。

中国近代史上最不堪的麻烦，就在于激进者们罔顾"三农"的正外部性，把城市资本追求现代化所积累的巨大"负外部性"代价向乡土中国倾倒！于是，我虽然清楚"三农"本属于三位一体，也曾经在20世纪90年代末期和21世纪第一个10年特别强调"三农问题农民为首"，主要是因为那个时期的形势严重地不利于农民这个世界上最大的弱势群体。实际上，也就是在做这种特别强调而遭遇各种利益集团排斥的困境中，我才渐行渐知地明白了前辈的牺牲精神。大凡关注底层民生的人，无论何种政治诉求、宗教情怀和文化旨趣，总难免因慈而悲、因悲而悯，在中国百年激进近现代史中，也就难免"悲剧意义"地、历史性地与晏阳初的悲天悯人①、梁漱溟的"妇人之仁"等，形成客观的承继关系。据此看，20世纪初期的"乡建派学者"也许应该被归为中国最早的女性主义者。②我们作为继往开来的当代乡村建设参与者，有条件站在前辈肩

---

① 参阅温铁军：《"三农"问题与制度变迁》，中国经济出版社2009年版。记得一位学者型领导曾经语重心长地告诫我：农民在现代化的大潮中挣扎着下沉，就剩下两只手在水面乱抓。你的思想无所谓对错，只不过是被溺水者最后抓住的那根稻草，再怎么努力，也不过是落得跟着沉下去的结局……

② 乡建前辈学者梁漱溟因在1953年与毛泽东激辩合作化问题而被后者批为"妇人之仁"。据此，梁漱溟可以被认为是中国20世纪50年代的早期女性主义者。尽管在实事求是的态度面前，打上何种类别的标签并不重要，但如果这是当代学者们的本能偏好，也只好任由其是。

"国仁文丛"（Green Thesis）总序

上高屋建瓴、推陈出新，不仅要认清20世纪延续而来的中国"三农"困境，而且要了解21世纪被单极金融资本霸权强化了的全球化，及其向发展中国家转嫁巨大制度成本的制度体系。这个今人高于前人的全球视野，要求我们建立超越西方中心主义意识形态的世界观和宏大叙事的历史观，否则，难以引领当代乡村建设运动，遑论提升本土问题的分析能力。

从2001年中央主要领导人接受我们提出的"三农"问题这个难以纳入全球化的概念以来，即有一批志愿者着手复兴百年传承的"乡村建设"。部分年轻的乡建志愿者于2003年在距北京大约300公里之遥的河北翟城村开始了新时期乡建，一开始根本就没有外部资金投入和内部管理能力。因为这种以民间力量为主的社会运动无权无钱，很大程度要靠热血青年们艰苦奋斗。那，年轻人激情四射地创了业，也激情四射地生了孩子，老辈们就得跟上支持和维护。十多年来，有一句低层次的话多次被我在低潮的时候重复：存在就是一切。只要我们在随处可见的排斥下仍然以另类的方式存活下去，就证明了方式的可持续。我们在最开始心里就觉着，应该给这个社会广泛参与的乡建运动将来可能形成的可持续生存系统，提出一个可以做国际交流的概念，一个符合21世纪生态文明需要的、大家可以共享的名号。于是就跟海外志愿者们商量，提出了这个英文概念"Green Ground"。若直译,就是"绿色大地";若意译,则是"可持续基础"。如果把音译与意译结合起来考量,那就是"国仁"。有国有仁,方有国人国祚久长不衰。

从十多年来的乡建工作看,这三个意思都对路。

二、文丛之众

俗话说,三人为众。子曰:"三人行,必有我师焉。择其善者而从之,其不善者而改之。"如此看文丛,乃众人为师是也。何况,我们在推进乡村建设之初就强调"去精英化"的大众民主。[①]

前几年,一直希望整个团队愿意理解我试图"让当代乡建成为历史"的愿望。尤其希望大家能够结合对近代史中任何主流都激进推行现代化的反思,主动地接续前辈学者上一个世纪之交开始的乡村建设改良运动,在实际工作中不断梳理经验教训。或可说,我"野心勃勃"地企图把我们在新的世纪之交启动的新乡建运动,纳入百年乡建和社会改良史的脉络。

---

① 关于精英专政与大众民主的分析,请参阅高士明、贺照田:《人间思想第四辑:亚洲思想运动报告》,人间出版社2016年版,第2—19页。

"国仁文丛"（Green Thesis）总序

诚然，能够理解这番苦心的人确实不多。[①]

这几年，我也确实算是把自己有限的能力最大化地发挥出来，"处心积虑"地安排乡建志愿者中有理论建设能力的人在获取学位之后分布到设有乡建中心或乡建学院的不同高校，尽可能在多个学科体系中形成跨领域的思想共同体。目前，我们在海内外十几个高校设有机构或合作单位，有数十个乡村基层的试点单位，能够自主地、有组织有配合地开展理论研究和教学培训工作，立足本土乡村建设的"话语体系"构建，已经有了丰硕成果。[②]

总之，我们不仅有条件对21世纪已经坚持了15年的"当

[①] 近年来，我不断在乡建团队中强调对乡建经验的归纳总结要尽可能提升到理性认识高度，并且要努力接续百年乡建历史，并带领团队申报了一批科研项目。那么，要完成科研任务，就要花费很多精力。对此，就有一些长期从事乡村基层工作，必须拿到项目经费才能维持单位生存，为此来不及形成理论偏好的同人难以接受，甚至有些意见相左之人表达了误解、批评。这本来不足为怪，对批评意见也不必辩解。总体上看，大乡建网络的各个单位还是积极配合的。但，考虑到这些批评说法将来可能会被人拿去当某些标题党的报道和粗俗研究者的资料，因此，我才不得不以总序的方式让相对客观些的解释在各个著述上都有起码的文字依据——尽管这些话只是简单地写在脚注中。

[②] 中国有中国人民大学、中国农业大学、中共中央党校（国家行政学院）、清华大学、重庆大学、华中科技大学、北京理工大学、上海大学、西南大学、福建农林大学、香港岭南大学。海外有英国舒马赫学院、美国康奈尔大学，近期正在形成合作的还有国际慢食协会的美食科技大学（意大利）等。

代新乡建"做个总结，而且有能力形成对20世纪前辈乡村建设运动的继承发扬。

我们团队迄今所建构的主要理论创新可以表述为以下五点。

一是人类文明差异派生论：气候周期性变化与随之而来的资源环境条件改变对人类文明差异及演化客观上起决定作用。据此，人类文明在各个大陆演化的客观进程，至少在殖民化滥觞全球之前应是多元化的，不是遵循在产业资本时代西方经典理论家提出的生产方式升级理论而展开的。这个理论有助于我们构建不同于主流的生态化历史观。

二是制度派生及其路径依赖理论：不同地理条件下的资源禀赋和要素条件，决定了近代全球化之前人类文明及制度的内生性与多元性，也决定了近代史上不同现代化的原始积累（东西方差异）途径，由此形成了不同的制度安排和体系结构，并构成其后制度变迁的路径依赖。这也成为我们开展国别比较和区域比较研究的重要理论工具。

三是成本递次转嫁论：自近代以来，在全球化所形成的世界体系中，核心国家和居于主导地位的群体不断通过向外转嫁制度成本而获取收益，得以完成资本原始积累、实现产业资本扩张和向金融资本跃升，广大发展中国家及底层民众则因不断被迫承受成本转嫁而深陷"低水平陷阱"难以自拔。当代全球化本质上是一个因不同利益取向而相互竞争的金融资本为主导、递次向外转嫁成本以维持金融资本寄生性生存的体系。在人类无节制的贪欲面前，最终承担代价转嫁的是"谈判缺位"的资源和生态环境，致有人类社会的不可持续之虞。

四是发展中国家外部性理论：第二次世界大战后绝大多数发展中国家都是通过与宗主国谈判形成主权，这可以看作一个"交易"。任何类型的交易都有信息不对称带来的风险，因转交交易范围之外的经济和社会承载而为外部性问题，任何信息单方垄断都在占有收益的同时对交易另一方做成本转嫁，由此发展中国家谈判形成主权必有负外部性，导致难以摆脱"依附"地位。但，越是一次性博弈则风险爆发造成谈判双方双输的可能性越大，发达国家在巧取豪夺巨大收益的同时，其风险也在同步深化和加剧。

五是乡土社会应对外部性的内部化理论：中国作为原住民人口大国中唯一完成工业化的国家，其比较经验恰恰在于有着几千年"内部化处理负外部性"的村社基础，其中的村社理性和政府理性构成中国的两大比较制度优势。但政府同样是人类制造出来但反过来统治人类自身的成本高昂的产物。遂有政府与资本相结合激进推进现代化之后的经济、社会、文化、资源、环境等负外向性问题,成为中国通往可持续的障碍,才有如此广泛的民众愿意参与进来,以期通过乡村建设使"三农"仍然作为中国危机"软着陆"的载体。

以上五点核心思想,主要体现于我们基于"本土化"和"国际化"两翼而展开的以下五个领域的研究工作中。

一是应对全球化的挑战。在资本主义三阶段——原始积累阶段、产业资本扩张阶段和金融资本阶段,核心国家/发达国家总是不断以新的方式向外转嫁制度成本,乃是全球化给广大发展中国家、给资源环境可持续带来的最大挑战。这个思想,在我们的主要课题研究中,作为全球宏观背景,都有所体现,也发表在我们关于全球资本化与制度致贫等一系列文章中。

二是发展中国家比较研究。团队与联合国开发计划署合作,构建了"南方国家知识分享网络",开展了"新兴七国比较研究"和"南方陷阱"等发展中国家的深入研究。目前正在进行比较研究的新兴七国包括中国、土耳其、印度、印度尼西亚、巴西、委内瑞拉、南非。已经发表了有关文章和演讲,两部专著也在起草和修改之中。

三是国内区域比较研究。中国是个超大型国家,各区域的

"国仁文丛"（Green Thesis）总序

地理条件和人文环境差异极大，对各区域的发展经验进行研究、总结和归纳，是形成整体性的"中国经验"并建立"中国话语"的基础。团队已经完成了苏南、岭南、重庆、杭州、广西左右江、苏州工业园区等不同地区的发展经验的分析。已经发表了多篇文章，形成的专著也获得多项国家级、省部级出版奖和科研奖。

四是国家安全研究。国家综合安全是当前面临"以国家为基本竞争单位的全球化"的最大挑战。基于国际比较和历史比较，团队研究表明了新中国通过土地革命建立政权与其利用"三农"内部化应对经济危机之间的相关关系——从历史经验看，新中国在其追求"工业化+城市化=现代化"的道路上，已经发生了九次经济危机，凡是能动员广大农村分担危机成本的，就能实现危机"软着陆"，否则就只能在城市"硬着陆"。团队正在开展的研究是以国家社科基金重大项目为依托，探讨如何从结构和机制上改善乡村治理以维护国家综合安全。

五是"三农"与"三治"研究。我们自提出"三农"问题并被中央领导人接受之后，用了十多年的时间来研究乡村"三治"问题（指县治/乡治/村治）。自20世纪80年代农村去组织化改革以来，作为经济基础的"三农"日益衰败，而作为上层建筑的"三治"成本不断上升,二者之间的错配乃至哲学意义上的冲突日益深化!其结果,不仅是农村爆发对抗性冲突,陷入严重的不可持续困境,还在生态环境、食品、文化等方面成为国家综合"不安全"的重要"贡献者"。比形成对问题的完整逻辑解释更难的,是我们如何打破这个"囚徒困境"。也因此,任何层面上的实践探索都难能可贵,即使最终被打上"失败"的标签,也不意味着这个堂吉诃德式的努力过程并不重要,更不意味着这个过程作为一种社会试验没有记录和研究价值。

综上,"大乡建"体系之中从事研究的团队成员众多,且来去自由,但混沌中自然有序,我认为团队在这五个领域的思想创新,在五个方面所做的去西方中心主义、去意识形态的理论探索,已经形成了"研究上顶天立地,交流上中西贯通"的蔚然大观。仅"国仁文丛"的写作者就有数十人,参与调研和在地实践者更无以计数,收入的文字从内容到形式都有创新性,且不拘一格。如果从我20世纪80年代就职于中央农研室做"农村改革试验区"的政策调研和国内外合作的理论研究算起,我们脚踏实地开展理论联系实际的科研实践活动已经数十年了。其间,团队获得了十多项国家级"纵向课题"和数十项"横向课题",获得了十几项省部级以上国内奖及一项

"国仁文丛"（Green Thesis）总序

海外奖。在高校这个尚可用为"公器"的平台上，我们团队通过这些体现中国人民大学"实事求是"校训的研究和高校间的联合课题调研，已经带出来数百名学生，锻炼了一批能够深入基层调研，并且有过硬发表成果能力的人才，也推进了分散在各地城乡的试验区的工作水平。

由此看，当代大乡建由各自独立小单位组成，虽然看上去是各自为政的"四无"体系——"无总部、无领导、无纪律、无固定资金来源"，却能"聚是一团火、散是满天星"，做出了一般海外背景或企业出资的非政府组织"做不到、做不好，做起来也不长久"的事业。诚然，这谈不上是赞誉我们团队的治理结构，因为各单位难免时不时发生各种内部乱象。但，乡建参与者无论转型为NGO（非政府组织）还是NPO（非营利组织），都仍愿意留在大乡建之中，否则再怎么干得风生水起也难有靠自己的思想水平形成"带队伍"的能力！若然，则乡建改良事业得以百年传承的核心竞争力，恰在于"有思想创新，才能有人才培养，才有群体的骨干来带动事业"。君不见：20世纪乡村建设大师辈出、试验点竟以千数，21世纪新乡建则学者咸从、各界群众参与者更有数十万！

这就是大众广泛参与其中的另一种（alternative）社会历史……

由此看到：发展中国家为主的"世界社会论坛"（World Social Forum）打出的口号是"另一个世界是可能的"（Another world is possible）；而在中国，我们不习惯提口号，而是用乡建人的负重前行，在大地上写下"另一个世界就在这里"（Another world is here）。

人们说，20年就是一代人。从2001年算起，我们发扬"启迪民智，开发民力"的前辈精神，在21世纪海内外资本纵情饕餮大快朵颐中勉力传承的"大乡建"，作为大众广泛参与的社会改良事业已经延续15年了！再坚持5年，就是一代人用热血书写的历史了。

作为长期志愿者，大家都辛苦，但也乐在其中！吾辈不求回报，但求国仁永续。唯愿百年来无数志士仁人投身其中的乡建事业，在中华文明的生生不息中一代代地传承下去。

以此为序，上慰先贤；立此存照，正本清源。

温铁军

丙申年甲午月

公元二〇一六年六月

目　录

序　言　中国"去依附"靠的是亿万农民 // 001

第一章　概述："土改红利" > "旧危机+新危机" // 023

第二章　导论："国民经济三年恢复期"的危机解读 // 033

第三章　背景：民国危机与解放区折实货币 // 049

　　一、从白银危机到法币危机 // 052

　　专栏1　美国《白银收购法案》的出台与实施 // 053

　　二、民国时期的各类纸币斗争与高通胀 // 061

　　专栏2　抗日战争时期的伪币 // 063

　　三、"物资本位"货币体系的解放区实践 // 065

　　专栏3　"物资本位"的抗币在山东根据地的实践 // 066

　　专栏4　1940年后陕甘宁边区财政困难与货币增发 // 069

　　专栏5　1944—1945年陕甘宁边区如何恢复币值稳定 // 073

I

第四章　危机：财政赤字、通胀危机与土地革命 // 081

一、人民币诞生：危机的终结还是延续？// 083

专栏6　建国初期的财政赤字压力 // 085

专栏7　建国初期的四次人民币贬值 // 090

二、人民币"维稳"："物资本位"
破解纸币危机 // 093

专栏8　集中力量办大事——全国财经工作制度化统一体系的形成 // 100

专栏9　上海"银圆之战" // 104

专栏10　应对第三次人民币贬值风潮——"米棉之战" // 107

专栏11　新中国第一期公债发行始末 // 115

专栏12　"包下来"政策的背景 // 121

专栏13　折实储蓄的推行 // 124

专栏14　民国时期农业生产与农户经济商品化程度的提高 // 128

三、土地财产重新分配和农村组织化建设
降低征粮成本 // 135

目 录

专栏15　建国初期西南地区的征粮与匪患 // 142

专栏16　东北地区公营商业的发展 // 143

四、有组织地投入劳动力进行水利建设 // 147

专栏17　中国水利建设中的劳动力动员
　　　　——以几个大型水利工程为例 // 148

专栏18　中国大规模使用劳动力进行基本建设的
　　　　最初经验 // 150

专栏19　1949—1952年各地"以工代赈"的实践 // 154

五、货币下乡并沉淀，农村成为增发货币的吸纳场 // 156

第五章　演化：私人原始资本积累与城乡二元结构下
　　　　工业品下乡 // **175**

一、治理高通胀后的城乡经济疲软 // 178
二、城乡市场交流的成就与受到的限制 // 181

专栏20　中央关于召开土产会议推销土产的指示 // 184

专栏21　1950—1952年各级物资交流大会的成效 // 187

专栏22　"铁犁"折射出的城市生产的支农工业品
　　　　难以下乡的问题 // 196

III

三、价格"剪刀差"的政策悖论 // 204

> 专栏23　土改后农业生产的恢复与增长 // 206

> 专栏24　建国初期工农产品比价政策的调整 // 212

四、资本原始积累与城乡二元结构的矛盾分析 // 218

第六章　转型：政府逆周期调节、国家资本崛起与"三反""五反" // 227

一、第一次逆周期调节 // 231

> 专栏25　帮助上海工商业解困开"加工订货"之先河 // 234

二、抗美援朝与"三反""五反" // 239

> 专栏26　"三反""五反"运动始末 // 244

> 专栏27　"三反""五反"运动之前民族资本原始积累制度成本的主要表现 // 248

三、第二次逆周期调节 // 252

四、国家资本的初步壮大 // 255

第七章　结语：对发展经济学的创新和对发展中国家的启示 // 263

• 序　言 •

中国"去依附"靠的是亿万农民

本书2019年付梓，正值中华人民共和国70周年大庆。为使中国得以复兴而已经有两代劳动者甘愿牺牲奉献。我们作为奉献者的一部分，唯愿后人了解：前人路途无论怎样"涉险犯难"而"步履维艰"，所表达的也只不过是"旧的矛盾尚未解决新的矛盾就又发生了"这个哲学规律……

新世纪的第二个10年里，中国经济波动下行及其内生的社会变化波诡云谲，全球危机的挑战如约而至。如此复杂局面之下，我们把70年前应对建国初期危机的经验过程归纳出来，无外乎是希望读者理解：只有以史为鉴，方知初心何驻。

本书提出的大部分观点派生于我们几十年研究凝聚的"成本转嫁论"。倘若集中到一句话来说，那就是建国初期的大危机靠亿万农民承载了大城市转嫁的危机代价才缓解了恶性通胀，实现了宏观经济的"软着陆"。这也是序言题目的由来。

我们介绍的不仅是决定中国共产党建国之初新政权的生死存亡的经验过程，并且归纳分析了这个经验对大多数发展中家以解殖为目的的民主革命具有的普遍意义。同理，第一代领导集体如何治理建国初期发生的赤字和通胀互相恶化的危机，以及如何扭转通胀压力下城市经济符合市场规律的"脱实向虚"，如何应对城乡二元结构下自给自足的小农经济不自觉抵制工业品下乡导致工业化难以推进的矛盾……对当今困境化解也有借鉴意义。

这些资料翔实但观点迥异的叙事，不仅会成为"讲好中国故事"的一个重要部分，也会成为1947年受苏联影响确立的新民主主义因何被1953年开始的"中国特色社会主义"替代的一个经验依据。唯其有如此重要的现实的理论创新意义，才有必要独立成书。

一、理解如何"去依附"才能"读懂中国"

本书实为修订《八次危机：中国的真实经验1949—2009》一书（以下简称《八次危机》）的副产品，所做的主要调整，是改变了过去对危机系列的排序，把1949—1950年建国初期的危机纳入，并作为新中国遭遇的第一次危机。

对此需要特别指出的是：我们此前写《八次危机》的时候认为，中国1949—1950年虽然有明显通胀，但那主要是民

序　言
中国"去依附"靠的是亿万农民

国解体之后留下的老问题。而新中国进入国家资本主导的工业化是在因朝鲜战争而大规模接受苏联模式的战略性援助后才正式开始的，因此中国的第一次危机应该是在1959—1960年，主要是苏联援助中辍导致内生性资本增密的中国工业化中辍。但在修订书稿的讨论中，当年负责起草书稿的董筱丹博士发现原书稿的缺陷恰在于排除了"国初危机"这个叙述就不完整，我们越来越强烈地感觉到《八次危机》的研究始点若设定在1959—1960年，就不能满足我们对自己设定要遵循的"逻辑起点与历史起点相一致"的原则性要求。

我们认识到的规律是：

民国时期的高通胀导致工商业96%左右的资本用于投机，因为不论任何经济体制只要发生恶性通胀就会使制造业的利润跟不上通胀，从而迫使产业资本家析出资本进入投机领域。同理，1949年刚刚接手大城市的新政权一方面要面对民国遗留下来的私人资本绝大多数囤积居奇的投机风潮；另一方面，在城市经济不可能短期恢复的条件下，也只能以赤字财政维持城市的基本运转，而在没有黄金或硬通货储备的情况下还只能大量增发货币弥补赤字。如此，按照现代经济规律演化出的不可逆的结果就是通胀恶化、直接威胁新政权的生存。这也是很多下层阶级通过暴力革命夺取根植于城市的政权旋即失败的主要教训，在世界近现代史上屡见不鲜……

这一危机的缘由可以上溯至国民政府1935年的依附型币制改革。自然，要成功治理这场延宕十几年之久的危机必须重建经济和金融主权。因此，我们给本书确定的主题是"去依附"——这是埃及思想家萨米尔·阿明针对欧洲中心主义话语权掌控第三世界而提出的"依附理论"的核心观点，适用于包括中国在内的大部分发展中国家，不论其处于产业资本阶段，还是21世纪的金融资本阶段。

共产党新政权与国民党旧政权在应对危机时的最本质差异，表面上看是新政权没有像旧政权那样依靠大批海归精英和外国势力参与"顶层设计"，实质上是靠无数革命者流血牺牲才得到的"革命红利"——以革命的名义没收帝国主义列强的殖民化资本，以及和旧政权密切结合着的买办集团、官僚集团资本，构造出以"全民所有制"作为基本所有权属的"国家资本"，作为新政权建立经济和金融主权的"压舱石"。正是靠了国家资本和农村的土地改革天衣无缝般的密切配合，新政权才完成了对控制中国经济的帝国主义列强的彻底"解殖"。

这一点，也恰是中国与大多数发展中国家的本质性差异——大部分后发国家通过"和平"方式解殖之所以被发达国家赞赏，乃在于虽然后发国家通过谈判取得了政治主权，却任由原殖民者继续控制其主要经济部门，因而没有可能在经济

序　言
中国"去依附"靠的是亿万农民

上完成解殖，随之，则势所必然地跌入发展陷阱；反过来却被本国精英及其外国主子嘲笑为没有彻底"西化"……

土地革命的作用将是下一部分的重点内容，这里不再赘述，而是想做一点引申：

也正是由于大多数发展中国家没有像中国这样完成土地革命，萨米尔·阿明在"依附理论"基础上发展出来的"去依附"理论，主要经验依据就只能来自通过民族革命重构了完整的政治经济主权的中国。过去十几年，萨米尔·阿明曾与我们团队在多个国家和地区有多次深入交流，大家讨论了中国从产业资本阶段向金融资本过渡阶段如何创新"依附理论"、如何规避金融全球化导致金融资本必然"内爆"带来的巨大冲击等问题。他老人家在世的时候[1]，我们还偶尔去参与"世界社会论坛"这样的第三世界进步力量表达存在的大会，赞叹着他以八十多岁高龄仍然绝地反击、与被"西方中心主义"话语体系掌控的世界社会运动中的无孔不入的势力作斗争……阿明老人之辞世，确实是发展中国家进步知识分子和社会运动的重大损失，甚至可以遗憾地说从此不再有因思想上追求"去依附"而对第三世界能够起引领作用的伟大理论家！为此，我们一直想对萨米尔·阿明表达深切的同志般的怀念。现在这本以

---

[1] 2018年8月12日著名的经济学家和马克思主义思想家萨米尔·阿明（Samir Amin）在巴黎去世，享年86岁。

他的理论命名的书问世，也是我们团队对阿明的纪念。

本书所发掘的建国初期因"去依附"而得以实现危机软着陆的认识，对今人仍有借鉴和启发：当年，人民国家凭借政治主权向财政和货币体系做赋权的同时，对人民生活的最主要必需品采取"折实"的方式来稳住国家信用，这个体现国家金融安全只能依靠对百姓"民心无常，惟惠之怀"的传统政治文明，与今天人民币只有"不忘初心、牢记使命"才能回归主权货币的"换锚"讨论，隔着70年的时空遥相呼应⋯⋯由于当代中国利益结构复杂化并且都在影响决策是个不争的事实，所以本书的归纳和分析才有普遍性：读者无论自觉或不自觉地归属何种利益群体，都可以从中找到确曾真实有效的经验借鉴⋯⋯

这些不循常规的认识，出于我们当学者的责任，那就是刨根问底！循着这个"国初"危机的相关问题，我们不期然一刨就是三年多。现在看，这个付出很值得。我们对这段历史经验进行了重新发掘，探究了它对发展中国家解殖、去依附的普遍性借鉴意义，并将中国危机及其应对的经验研究的"历史起点与逻辑起点"相一致的时间点上推至1949—1950年⋯⋯读者细读本书也可以发现：中国走出建国初期经济危机的具体过程，对其后几十年的路径选择具有奠定基础的作用！中华人民共和国70年奋斗历程中徐徐展开的波澜壮阔的画卷，几乎都可以在建国初期的这几年找到不可忘记的原初。

序 言
中国"去依附"靠的是亿万农民

二、亿万农民救中国

用"亿万农民救中国"为主题作序，顾名思义本书是涉及了中国在新世纪之初当作"重中之重"强调的"三农"问题，大体上可以用中国人做经验归纳的"起承转合"来形成理论上的"格物致知"。何况，从"讲好中国故事"的需求来看，相关的理论体系也确实需要重大调整。

（一）1949年土改①——亿万农民化解国初危机

大家都知道，国民政府在1948年有一个重大的改革，也是在美国人从来坚持的"美国第一主义"的善意帮助下进行的——借入4800万"美金"作为货币发行依据，这就实质性地改掉了原来法币制的"名义"主权货币体系。但是，这种外汇本位的货币体系仅4个月就崩溃了，民国随之恶化了长期通胀，从而导致军费占比达80%以上的高赤字财政不可能再维持；于是现代金融与财政的失败很大程度上导致了其军事上的失败。共产党靠小米加步枪的一个连队，能够让上万国民党

---

① 这里为简要起见以1949年为代表年份，可参照的具体文献是1947年中共颁布《中国土地法大纲》，1950年国务院颁布《中华人民共和国土地改革法》。全国土改于1952年结束。

士兵交枪，除了革命军人神勇之外，还因为国民政府确实没"真钱"给军队发饷了。

中国共产党在第三次土地革命时期主要靠发动农民群众参加土改来支援解放战争，农村根据地没有条件构建现代化的财政金融来支付农民做出的巨大贡献，解放军从村里取走多少小米、军鞋、门板（担架），打个白条就可以了。当年战争时期给农民打的白条，直到2007年发现还有没还上的。虽然这些事情在理论上都有深意，却不入当代中国知识分子的"法眼"。那，中国故事从根上就很难讲得好……

我们之所以说1949年危机化解主要是靠"亿万农民救中国"，也是在加强我们一直强调的中国的问题是"三农"问题。那个时候传统农村没有现代财政金融，却能够靠农村包围城市取得革命胜利；但是，共产党刚一打进大城市，就立即遭遇到和国民政府一样的现代化困境——必须每天都要有财政开支才能维护城市管理。国民政府的军队被打垮了可以遣散回家不增加开支，但是城市中的工商管理、教育医疗、街道卫生、警察治安……全部要靠现代财政才能维持。

于是，势所必然地发生所谓"国初经济危机"。

1949年，共产党首先遭遇的是接管大城市的严重财政赤字，虽然比民国时期低大约10%，但新政权赤字率仍高达70%左右。于是，新政权为了保证财政开支，只能增发货币。

序 言
中国"去依附"靠的是亿万农民

但国民党在离开大陆的时候把国库的黄金和外汇全部带走了,按照教科书理论这样发出的货币只能是"毛票子"。

所以,建国初期第一大危机就是旧政权放弃"主权币制"造成的恶性通胀,不仅没被革命终结,反而在农民武装包围并且夺取了大城市之后,延续为更严重的通胀。

此时,不论谁是领导人,若继续按1947年确立"新民主主义"给定的、与一般发展主义无异的"私营企业+市场经济='民族资本主义'"的这一套本源于斯大林的既定方针办,则这个新政权肯定难以维持。虽然共产党明确要发展私人资本经济,但是在恶性通胀压力下任何实体企业都没有利润可言。

实际上,**中国经济所谓"脱实向虚"不是现在才发生,在高通胀的20世纪40年代末期就已经存在私有制经济脱实向虚了!**生活物资囤积居奇、股票市场多空炒作……但那确是市场经济的规律使然。若然,则建国初期经济危机本来是无可挽救的。

那该怎么办?幸亏当时的中国是一个农民人口占比88%的传统二元结构!何况,1947年共产党就开始搞的土地改革,实际上执行的是历朝历代都要努力实现的"耕者有其田"的理性土地制度。到1949年建国以后全国推进土改,使占总人口88%的农民恢复了传统意义的小农经济,客观上不需要现代经济体制;这使得新政权只需用有限的财政能力去治理覆盖占总人口比重不足12%的城里人的通胀危机及其次生问题。

由此可见，确是亿万农民救了高通胀与高财政赤字叠加导致的经济危机。

具体看，新政权、农民、私人资本之间的互动是：一旦土地到手，传统小农一般在满足简单再生产的同时还要追求扩大再生产，也就是扩大土地面积，那就要节衣缩食尽可能多地向国家交售农产品以积蓄现金；恰逢私人资本脱实向虚之际，必然把白米、白面、白布这些生活必需品囤积起来哄抬物价，这在政治上被认为是在跟共产党争夺天下；于是，激起新政权延用在战争中形成的巨大动员能力——在上海、天津、武汉、重庆这些大城市里打"三白"战役——这时，共产党通过全国土改实现了历朝历代的"均田"但却不"免赋"，以方便从农民那里得到大量的"三白"物资，有策略地投放到城市，用于平抑市场价格，迫使大批囤积居奇的私商的"顺周期"投机落败；与此同时，农民还把出售农产品所吸纳的大约占政府总发行量40%的货币，为了今后买地需要，而储存到银行，这些货币不进入流通领域，也就没有造成通胀压力——这个对农民微观主体而言是正常的做法，却在宏观上直接帮助人民银行大量回笼并在乡土社会沉淀增发的货币，同时也间接帮助新政权极大减少了财政赤字压力。

总之，新政权一方面靠回归传统农业的土改普遍地提高了农民生产积极性，另一方面则靠增发现代货币换取增量农产品稳定供给，帮助城市政府压低了城市物价并且反过来吸纳了过量增发的货币。于是，到1950年下半年就把1948年民国金圆券改革造成的恶性通胀危机初步平定下来了。

本书团队一度不敢相信：这个充满"中国特色"的故事过去竟然没有完整地讲过！而我们写作本书的"初心"——讲好中国故事一定要从头讲起，不能中间截断了再搞另一套英雄史观，在资料整理和归纳分析中都体现出来了。

（二）1979年的"二次土改"——亿万农民第二次救中国

从"国初"到"改初"（改革之初），"三农"救中国的做法一脉相承：乡土社会承载了现代城市产业资本的危机代价才能实现"软着陆"。如果1949年毛泽东的全国土改是为"起"，那1979年邓小平认可万里在安徽搞的土改（家庭承包制）则为"承"——20世纪80年代名为"社会主义公有制条件下体现农村集体经济统分结合双层经营的家庭联产承包责任制"，这个表述一口气读下来确实有难度，即使读下来也可能会把前面的几个定语忘了；若究其实质，还是"大规模动存量"的财产关系根本性调整——按农民家庭人口均分土地到户的"二次土改"。

1979年邓小平再次土改的背景也要往前追溯二三十年才能部分说清楚。

很多人都知道，中国在20世纪五六十年代先后被美国和苏联这两个分割掌控世界的超级大国分别地予以全面封锁。如果借鉴萨米尔·阿明的理论，则1960年之后的中国进入的是完全"去依附"时期。我们团队对"依附理论"的一个创新点是认为，依附的形成过程中会有"依附红利"；而一旦"去依附"则会有原来依附时期形成的利益集团对失去"依附红利"这个损失的制度性"错觉"，何况这些错觉很容易地和实现"去依附"势必发生"强制性制度变迁"过程的内在制度成本结合。据此可以认为，一方面六七十年代的普遍贫困是中国试图维持完全的主权独立国家实现"去依附"所产生的制度成本；另一方面，由此加剧了原来"全盘苏化"时期形成的包括经济政治文化教育在内的多种利益群体对"依附红利"的"错觉"。二者交织、延续而为今日思想界之混乱。

从70年代初期开始，中国利用尼克松访华之前于1971年放松对中国封锁的机会，开始引进外来技术和设备调整工业结构，这诚然属于某种"依附红利"，但也造成了这个70年代引进外资的巨大成本，即120多亿美元的对外负债——由此而加剧了"再依附"的压力。

其实，这并不鲜见！70年代任何引进外资的亚非拉发展中国家都普遍出现了债务危机，甚至由此发生了包括军事政变在内的大量内外矛盾的爆发。由于对外负债在中国的直接表现

序 言
中国"去依附"靠的是亿万农民

就是赤字——外债只能国家财政偿还，于是1974年中国财政赤字超过100亿元、1979年突破200亿元——毛泽东与周恩来开始的、引进西方外资造成的财政赤字危机连续爆发。不仅中国，大部分接受西方投资的拉美和东亚发展中国家都在70年代出现外债压力过大造成的国内危机；只不过因为中国自己跳出来了，所以这个70年代后期的危机后来被西方学者称为拉美"债务陷阱"。

当年，中国在这种赤字危机下，城市产业资本其实没法进行扩大再生产投资，甚至连维持简单再生产的投资都不够，于是出现了大面积的城市就业不足；加之1979—1980年又有"让步政策"让数千万知青回城，遂有失业危机大爆发。但是，由于这些失业人群根本不在统计范围之内，遂有海内外学术界对改革开放的定评，而对"改初"危机则完全失语。诚然，对这个阶段形成的自相矛盾的话语无力，也给了我们团队坚持实事求是而不断创新的机会。

作为研究者的另一幸运是我们这一代人亲身遭遇了几次大变故，都直接成了研究素材。其中，1980年那次知青大返城，名义上是得到了不论家庭背景都可以回城的好处，但是回了城却无业、无房、无社保、无对象……这客观上是第一次由城市人群承载大危机"硬着陆"的代价，也因此，才催生了以"放权让利"为主要内涵的经济体制改革。

可见，改革既不是精英拍脑袋设计出来的，也不是无聊文人从西化教科书照搬来的。实质上是勉力应对危机、尽可能防止其硬着陆的对策。对策合适则危机得以软着陆，制度成本被暂时掩盖；不合适则硬着陆，制度成本爆发引起社会动荡，此时若还能维持得住，就随之会做出硬调整。

那么，为什么说1979年这次又是农民救中国？因为，这就和1949年土改一样，邓小平作为"第二代领导集体"的"核心"，也实质性地重复了第一代领导集体的核心毛泽东的政策——给中国农民再分了一回地，这个彻底动"存量"的政策在内容上跟毛泽东一样，但叫法不同。

这次"分地救国"与上一次"土改救国"的差异是什么？

笼统地说，主要是解放了农民这个第一生产力要素（恧陈旧的"唯生产力论"）！于是，不仅过剩劳动力直接进入乡村工业化和城镇化（这些早就被我们说得自己都腻歪了），而且更为重要的是，几千年来维护乡土社会可持续的经济结构多样化的农村百业得以全面复兴并且对收益进行社会化分配（这才是与当代乡村振兴可以对照的内涵）。这些因素共同作用，使中国在80年代出现史无前例的内需拉动型高增长。（"内需拉动型增长"虽为领导们梦寐以求，而在此后的发展阶段却碍难再现……）对此，很多关注中国经验的理论家，也似乎很少细致论及。诚然，这也成为我们团队的理论创新空间。

序 言
中国"去依附"靠的是亿万农民

我们形成的解释是:

首先,基本背景是邓小平允准"第二次土改"时农民人口仍占85%,因此中国仍然是城乡对立的二元体制结构;这个条件,与大多数过高城市化率的发展中国家都难以改出危机具有质的差异性。

其次,中国这次靠"三农"改出危机,具体机制下可扼要归纳为:

80年代初完成以"大包干"为实质的家庭承包制之后,一方面是政府"退出"不用管农民的生产和福利开支了,国家对"三农"直接的财政开支(包括基本建设支出在内)下降了一半,在全部财政支出中的占比下降到低于3%,极大地缓解了身处城市的政府的赤字压力;而农民却说"有天有地靠自己;有吃有喝不找你",既没有任何怨言,更没有上访闹事。

另一方面,那时候85%以上的出口创汇来自农产品和以农业为原材料的加工品,农村轻纺和农产品原材料的增长配合着社队企业(后来改称为"乡镇企业")出口,都成为缓解国家外债压力的主力军,所以政府对农村工业赋予自主发展权,并且在1979年正式实行了"双轨制",放开了过去国家资本垄断占有的各种原材物料,很快造就了农村百业兴旺带动内需拉动增长。

这是因为:"大包干"之前,由于医疗卫生的进步和粮食总产增加等因素,农村人口和劳动力都在大幅度增加,加之基础教育的普及，以及农村干部群众在集体化时期搞"五小工业"为代表的社队企业中初步有了工业化经验，因此，一旦政府放权让利，带动的就不仅仅是粮食生产和农业多种经营，更重要的是出现了乡村"农林牧副渔工商建运服"等多产并举——乡镇企业兴起并很快达到了2000多万家，不仅创造了大量出口换汇，减少了国家的外债压力，而且形成了对城市工业的巨大拉动，同期农民人均纯收入连续4年快于城市，城乡收入差别缩小到2.4∶1。其结果，不仅农村大面积减贫成为对世界减贫事业的最大贡献，而且农民收入提高带动了县以下农村的城镇化而非城市化。

这是中国这么多年来唯一的一次内需拉动型增长的主要原因。

理论界一般讲40年改革，更多是说1992年以后的事。那么此前呢？也许因为有过一次1988年价格闯关的滑铁卢，似乎就不愿意再讲80年代了。或者，仅仅把80年代归结为家庭承包，而不讲乡镇企业和城镇化的发展。尽管时任中共中央总书记胡锦涛在2005年及其后多次强调中国要通过城镇化来实现城市化，这个特色的"城镇化"却仍然被学术界翻译为Urbanization（"城市化"的英文直译），随之以讹传讹。因为，当今之理论界几乎没人真正把80年代的农村城镇化经验当成"中国故事"中的重要内涵。

序 言
中国"去依附"靠的是亿万农民

简单总结一下：伴随着乡镇工业发展起来的乡村城镇化，带动了 40 年改革时期唯一靠内需拉动的 10 年黄金增长。我们都讲拉动经济增长的"三驾马车"，请问内需"驾辕"是什么时候出现的？就是向占中国人口最大多数的农民放权让利的那个 80 年代。

据此看，是谁缓解了 1979—1980 年爆发的外债危机，创造了内需拉动的黄金增长？还是中国农民嘛。

(三) 21 世纪初——亿万农民第三次救中国

再说"转"——21 世纪初中国在连续遭遇全球化转嫁来的"输入型危机"的挑战下，提出国家的生态文明转型战略。之所以还是要靠农民，是因为生态化的内涵是多样性，而中国三级地理大台阶、五大气候带覆盖下的"十里不同风"的"三农"，最有条件转向与自然多样性结合的多业态乡村复兴。"三农"支撑的生态文明转型，就是在乡村振兴中贯彻习近平提出的"绿水青山就是金山银山"思想体现；具体实现方式，也是习近平提出的三化——"生态产业化，产业生态化"和进一步实现"生态资本深化"。

我们从 90 年代起连续强调了 25 年的城市化。现在仍有主流学者认为，一个人进城能带动 10 万—20 万元的投资，如果 3 亿打工农民都进城转户口，真的实现了 70% 的城镇化率，那就是30万亿—60万亿元的投资需求。这个简单假说，让人认为中国继续沿着发展主义走会有很大的增长空间。

但很少有人注意到，从2005年开始公布的污染普查报告显示，中国几乎所有污染物排放都世界第一！这意味着中国沿着一般发展主义的道路走不下去了。由此，中国2007年就开始强调向生态文明转型，2012年则确立生态文明战略。

此外，中国现在还是以污染为代价的工业产出总量和化学农业生产总量全世界都最大的国家，2010年以来的主要矛盾是工农两大部类的生产都过剩，都需要"三去一降"。并且，如果按照大类算，中国工业大类的2/3是以外资为主的，产业资本中外资不少于1万亿美元。各地政府常说"我家大门常打开，张开怀抱等你来""不求所有但求所在"。但请注意，外国资本来了，财富和收益都不是中国的，而造成的环境污染和资源枯竭、社会冲突，却都是中国的。

生态文明转型还有一个值得注意的趋势性背景：金融异化。

进入21世纪，中国对冲外汇和承接外资流入而大规模增发货币，已经成为世界第一大金融总量的国家。但是，中国不可能走美国式金融资本扩张的道路，因为中国的人民币不是世界结算货币和储备货币，也就没条件像美国那样占有国外廉价制成品和资源的同时直接对外转嫁金融资本的制度成本。于

序　言
中国"去依附"靠的是亿万农民

是，国内巨额货币增量客观上促进了虚拟部门的扩张和金融风险的累积……

有鉴于此，中国从加快经济金融化而爆发严重股灾、蒸发7万亿元财富的2007年，就开始强调生态文明的包容性；无独有偶，在力推金融市场化引起第二次恶性股灾、蒸发21万亿元财富的2015年，又提出"深化生态文明体制改革"！如果愿意追溯，则此前的2003年，上一届领导就提出科学发展观的可持续发展理念，接着于2006年强调了"资源节约环境友好"的"两型"经济，2007年则确立了"生态文明发展理念"——这种连续发生的情况都印证了利益结构多样化条件下的矛盾复杂性。而既然现在的领导集体是以生态文明为指导推动国家战略转型，最主要强调的是自然多样性与人类社会文化多样性之间的有机整合，那么请问，自然多样性在城里有办法体现吗？比如说上海这个中国的金融中心恐怕就没有条件体现，这是一个地面不断沉降的城市，无论那里的金融市场集中了多少暴富者，也克服不了大自然与大城市的互相伤害；遂有各类大咖们"跑路"，以及跑者和跟跑群体对自己没跑之前的路的揭发批判……

由于大多数国人处于"跑不了、跑不好，或者跑起来不合算"的境地，遂有自觉不自觉从跑路话语中挣扎出来的人回心转意，"蓦然回首"这才发现：真正能跟自然多样性有机整合的，就是多样化的乡村社会——老天爷保佑中国——人们回心转意之际，幸运地发现自己还没有完成激进发展主义的自毁乡村、自毁华夏！至少，我们还有家。

也就是说，若国家真要推进生态文明转型，则需要以乡村振兴为主要战略。

中央政府2015年明确了"深化生态文明体制改革"的方针，2017年正式提出了乡村振兴战略，作为十九大贯彻落实生态文明转型的举措。所以，才会有亿万农民第三次救中国的可能性。希望大家自觉地把乡村建设看成国家向生态文明转型的载体。

其中，乡村产业兴旺怎么借鉴80年代经验开展空间资源综合系统开发促进多业态大众创业万众创新，国家宏观调控怎么借鉴国初经验利用国家政治主权赋信的货币体系完成本土生态资源的自我货币化，共产党怎么把资本从资本主义文明中的主人地位拉回到工具作用，通过重新构建自主的资本工具化体系来实现"生态资本深化"需要的产权交易所三板或"在地化"的板外融资？这些有利于金融回归实体经济、促进本国自主的资源货币化和资本化的积极设想和尝试，都需要真正"本土化"地（而非西化地"再依附"）推进自主"深改"——全面改变过去粗放的数量型增长时期相对应的粗放市场经济制度。至少一定程度上，要用乡村资源货币化来吸纳现在过量增发的货币,扩大乡村资源和物业的价值化的增长空间,这也就是通过"生态资本深化"的体制改革来实现习近平讲的"绿水青山就是金山银山"。其深远的战略意义在于同时推动"货币换锚"——把依靠美元外储对冲增发货币造成的金融深度"依附"困境,调整到依托国家资源的价值化需求来增发货币。

若然,则中国在2010年以后遭遇的美国把中国当作主要对手的50年未见之大危机也就得到了软着陆的基础。

据此看,当亿万农民多样化生存直接与自然资源多样性密切结合被纳入新时代的"生态资源价值化",其所保有的巨大的货币化和资本化空间,就有可能第三次救中国。

历史从未走远。随着金融资本全球化进程中的危机深化及中国应对全球化危机的纵横捭阖,本书中的故事也就有了历久弥新的价值。

三、致谢

本书由温铁军教授带领科研团队完成,是团队成员共同付出努力的结晶。三年半的写作中,参与本书观点讨论和资料搜集的团队成员很多,难免挂一漏万。北京团队有董筱丹、刘亚慧、罗士轩、唐溧、杨帅、高俊、计晗、杨璐璐、张俊娜、侯婷艳、韩山、刘岚、陈高威、马黎、李玲玲、张辉、崔芳邻、陈璐、徐文静、陈春文等，香港团队有刘健芝、黄德兴、薛翠、严晓辉、何志雄等。

本书写作受中国人民大学"中央高校建设世界一流大学（学科）和特色发展引导专项资金（16XNLG06）"的资助，特此致谢。中国人民大学乡村治理研究中心组织的内部讨论会对书稿提出了非常有见地的修改意见，特此致谢。

东方出版社对本书的出版给予大力支持，编辑李烨、袁园对本书倾注了大量心血，进行了细致校对，一并致谢。

"国初危机"研究写作组

2019年7月19日

草于宁夏六盘山

● 第一章 ●

概 述：
"土改红利" > "旧危机+新危机"

第一章
概述："土改红利" > "旧危机+新危机"

在 1949—1952 年发生的经济波动，如同俗话所说"一波未平，一波又起"：既要应对旧危机——民国延续下来的长期高通胀，又要处置新危机——"民族资本主义"发展初期资本原始积累所内生的新矛盾。

所谓"一波未平"，是因为：

民国时期追求**现代化造成的巨大制度成本，及其派生的以长期高通胀为主要形式的城市危机，不可能被任何以占领城市为革命成功标志的新政权，延续使用与旧政权相似的经济手段，予以化解。**

因此，1949 年中国主要是靠土地改革全面恢复传统小农经济的"土改红利"，化解了清末以来半个世纪追求现代化造成的长期危机。[1]对此，可以通俗地归纳为："九个农民种地供一个城里人吃饭，养得起。"[2]

若用理论话语归纳这一经验，则不仅是"恢复传统制度缓解现代化危机"，也不仅是"农村包围城市"的革命经验在和平年代的顺势深化，而且，为此后在长期城乡二元结构体制下用"三农"承载城市产业资本危机打下了基础。[3]

须知，历史上改朝换代的开国之初大都努力要做"均田免赋"。**只要实现并且维护了"均田"这种基本经济制度，一**

般都会因乡土中国"海绵社会"[4]的特征而得以有一段约 200 年的朝代稳定周期。鉴于此类历史经验,只在维持了原住民为主体的亚洲农业社会得以传承,我们借助马克思早年确立唯物史观时提出的"亚细亚生产方式"(Asiatic Production Mode)假说,创新地提出"东亚稳态社会"概念——中日韩朝越等同属于东亚儒家文化圈,无论自诩何种体制,都是第二次世界大战之后实现了农民平均分地,由此构建了相比其他地区要更为稳定的"海绵社会"。

诚然,这个历史经验在 20 世纪的中国体现得格外波澜壮阔:

被第二次世界大战所打断的土地革命,在战后的 1946—1949 年接续,[5]也由此被称为"第三次土地革命战争",又因中国借此从帝国主义列强分割控制下夺回完整主权而被称为"独立战争"(civil war)。[6]

靠土改支持战争打出来的新政权在全国推行土改,让占总人口近九成的农民实现了其历史诉求的"耕者有其田"。

但是,为了获取农业剩余以推行工业化,中央政府没有借鉴历代都做的"免赋"。

于是,以革命战争手段推进的分地这个基本财产关系的根本性制度变迁,使国家得以"一石三鸟"地控制危机局面:一是靠脱离现代化回归传统的约一亿农户,形成了面广量大的

第一章
概述:"土改红利" > "旧危机+新危机"

多元化的实体经济,很快就满足了占总人口仅约一成的城里人的基本生活,极大地缓解了民国延续下来的、主要发生在城市的高通胀危机;二是只需继续强化动员农民参加土改的意识形态,就能以革命的名义从乡土社会筹集到足够的实物产品运往城市,成功地抑制私商把控物资的投机性波动,也是国家资本借助革命动员打赢对私人资本的第一场战役;三是国家借此把宏观调控必需的财政金融体系建于实物经济的基础之上,其间不断积累的经验成为国家构建基本经济制度的最初依据。

这场初战告捷,是中国革命"农村包围城市"的基本经验在经济领域的发扬,是对从"根据地"就靠自力更生发展实体经济形成的所谓"中国特色农村社会主义"体制的继承。

所谓"一波又起",是指:

民国时期,国民党政府发展民族资本主义引发的旧危机尚未结束,中华人民共和国成立后,共产党领导发展民族资本主义的内生性新危机就接踵而至。

新瓶老酒,何以解忧?

诚然,中国自近代化以来,任何性质的政府在帝国主义列强侵略瓜分的压力下,几乎都矢志不渝地追求"现代化"。但是,只要在工业化必需的资本原始积累时期不能对外转嫁制度成本,就势必形成内生性的危机。

中国官方宣布的新民主主义的经济社会结构,恰如中华人民共和国的国旗所示：中间大星表示共产党的领导地位（也包括共产党控制的国家资本成分），周边四颗星分别代表：工人阶级（占人口不足5%）、农民阶级（小土地所有者阶级，亦称农村小资产阶级，占人口88%）、城市小资产阶级、民族资产阶级。可见，国家资本、私人资本和小有产者阶级等，构成了国家政治最主要的组成部分；相对地，具有马克思主义阶级革命意义的工人和城市贫民，加起来也不到总人口的7%。

总之，由于中国长期是以分散农民为社会主体的传统农业国家，所以，无论是原来苏联为首的共产国际，还是中国共产党自身，都明确指出中国发生的是"前资本主义"性质的农民革命，因此都认同先发展民族资本主义（即相对于外资而言的本国民族性的资本主义），等到社会化的工业大生产体系建设起来后，才能转型为社会主义。

据此看，新政权不仅公开地认同在西方意识形态中具有一般性的市场资本主义（毛泽东说：新民主主义就是共产党领导下的民族资本主义），而且也如同清末以来的所有政权都要追求"现代化"一样，理所当然地要加快建设工业化。

既如此，就无法回避资源极度短缺的农民国家进入"资本原始积累"阶段的内生性矛盾——这才是新一波危机的真正原因，不论当时和现在的意识形态对这个矛盾派生的困境作何表达。

第一章
概述："土改红利" > "旧危机+新危机"

实际上，**中国在 1950 年之后依靠三种制度安排形成政治、经济、社会三元互动时，决策者们并不讳言其应对危机的用意；后人抽掉了危机背景去断章取义地解读，很多重要转变也似乎变得不可理喻了。**

这三元互动是：

一是全面土改让占总人口 88% 的农民脱离城市现代化危机，回归传统小农经济，**在乡土中国形成多样化的面广量大的实体经济的基础上，构建以实物生产为基础，且能够发挥政府逆周期调控作用的国家财政货币体系，既获得了大量增发货币的财政金融主动性，又不造成严重的通货膨胀。**

二是以财政手段促进工农交换，由此得以让民国高通胀危机软着陆之后的经济萧条，通过政府的"人工呼吸"而回暖。进而，则有中国农村成为此后历次危机大都软着陆的载体。

三是直接**采取"直接成本"最低的军事手段**，辅之以"三反""五反"的政治运动，强行取缔城市私人资本投机牟利，有效抑制了一般私人企业按照"经济理性"做顺周期造成的对经济危机的恶化作用。

从以上文字简述可知：以占领大城市为革命成功标志的新中国，呱呱坠地之际便在资本集中的城市里遭遇了严峻的危机局面，且因新政权以进城农民为主体而同步发生了官僚主义、干部腐败等政治问题（亦可认为是"农民打天下坐天下"所内生的"农民政治"危机）。这是本团队在深化研究时，把建国初期遭遇到的经济波动确定为历次危机中的"第一次危机"的理由。[7]

其后的农村运动有派生性：**建国之初的"赤字预算+货币超发=恶化通胀"**很快被抑制，部分原因是约 1/3 的超发货币被上亿农户经济的"海绵"所吸收；但同时也必然地加快了农村经济的货币化和两极分化，随之引发合作社运动及其相关争议……

考虑到很多发展中国家在获取独立主权之初都遭遇了危机，所以，归纳中国应对第一次危机过程中的经验和教训，至少对发展中国家具有普遍性意义。

第一章
概述:"土改红利" > "旧危机+新危机"

注释

1. 本书作者多次指出:让农民以村为单位分田到户化解城市危机的办法,不仅毛泽东1950年用起来有效,30年后的1980年,邓小平用起来仍然有效;并且,第二次世界大战以后东亚"儒家文化圈"的所有国家和地区(中日韩朝越及中国台湾地区)都先后这样做了,也都维持住了长期稳定。可见,其对城乡二元结构基本体制的亚洲国家是有普遍意义的。何况,中国历史上大凡搞了"均田免赋"的朝代,都能够保持较为长期的稳定。

2. 本书中这一通俗说法,可以认为是对杜润生思想的继承和发扬。中国20世纪80年代初期的农村政策领导人杜润生(时任国家农业委员会副主任),曾经不仅把当时农村基层的"分田到户"解释成"家庭联产承包责任制",而且说成"统分结合、双层经营的农村集体经济的一种实现形式"。1980年在严重的赤字危机压力下,他是这样说服中央领导人的:"八个农民给两个城里人搞饭吃,养得起。"

3. "三农问题"是作者多年坚持的非主流观点,也因此而被边缘化。直到2001年12月25日向党和国家领导人当面汇报并被接受,"三农问题"才于2002年被确立为国家战略的"重中之重"。参见温铁军,《"三农"问题与制度变迁》,中国经济出版社2009年版。

4. 本书形象化地提出"海绵社会"概念，主要是指乡土社会亿万兼业化农户小经济就像海绵的孔洞那样能够吸纳城市资本制造的巨大"负外部性"。这个概念借用了当代可持续发展研究中提出的"海绵城市"——通过下雨时吸水、蓄水、渗水、净水，需要时将蓄存的水"释放"并加以利用，可实现"自然积存、自然渗透、自然净化"三大功能。

5. 中国共产党于1946年5月4日发布了《关于清算、减租及土地问题的指示》(即《五四指示》)，要求把"减租减息"改为直接推行"耕者有其田"；随后制定和公布了《中国土地法大纲》，派出数万名干部组成"土改工作队"深入乡村发动下层农民，斗争地主阶级。

6. 之所以被称为"独立战争"，乃在于其改变了中国的"半殖民地"性质。

7. 参见温铁军等：《八次危机：中国的真实经验1949—2009》，东方出版社2013年版。

●第二章●

导 论：
"国民经济三年恢复期"的危机解读

第二章
导论:"国民经济三年恢复期"的危机解读

中国确立第一个五年计划之前的 1949—1952 年这三年,从来不被表述为"周期性经济危机",而被称为"国民经济三年恢复期"[1]。做经济史研究的人往往是将 1952 年的数据情况,与中华人民共和国成立的 1949 年以及民国时期的最好水平(一般是抗战之前的 1936 年)进行对比,以证明国民经济在共产党的领导下"迅速恢复"。

本书对这三年做危机解读,也认同这个对比及结果。主要是因为:当年中国领导人并不讳言,这段时期是以发展民族资本主义为主的"新民主主义"路线,[2] 亦即:中华人民共和国成立之初的三年,推行的主要是国家资本与私人工商业资本的、市场化的资本主义经济,政府则在经济衰退时做逆周期调节。所以,在经济基础的基本性质上与民国时期可比。

众所周知:只要发展资本主义,就有资本原始积累的巨大代价……这个一般性的规律,在 1949—1952 年同样有鲜明的体现;作者在此前关于新中国应对八次危机的分析中就提出的"传统小农经济化解现代化危机"的观点,也同样被 1949—1952 年的危机周期所验证。

读者首先需要了解,**私人资本为主的新民主主义这个性质的界定,和"国民经济恢复期"的意识形态表述,本身没有**

对立性质，却忽略了这段时期内特别值得注意的两个重要问题：第一，新中国是如何从民国自1937年延续下来的长期高通胀危机中"恢复"起来的？这是新中国跳出发展陷阱和发展民族资本主义的基本前提。第二，新政权既然致力于发展民族资本主义，为什么会发起被后人视为针对私人资本的、政治火药味浓厚的"三反""五反"运动？

结合我们2005年以来开展的国家综合安全只能以改善乡村治理为基础的研究[3]，作者认为：搞清楚以上两个问题，对于新世纪的中国和其他发展中国家仍有重大借鉴意义。

第一个，关于新中国如何应对高通胀的问题。

其值得关注，乃在于：通胀危机无论在何种意识形态的国家都具有普遍意义！

如果说，1949年中国靠乡村土改缓解了城市通胀危机，那么，**大多数没有开展土地革命的发展中国家至今仍难以从"发展陷阱"[4]中自拔。**

这些国家通过解殖运动赢得政治上的独立后，往往在经济上又陷入困境，其中的关键点正是因未发动土地革命，而难以摆脱殖民时期单一经济结构的路径依赖。

对此，本书称为发展中国家继承了殖民化的"原罪"——无论何种党派、何人领导，客观上都难以避免、难以有效应对后殖民化时期的"主权负外部性"问题。

第二章
导论:"国民经济三年恢复期"的危机解读

"主权负外部性"是我们在 21 世纪以来开展的发展国际比较研究[5]中,借鉴萨米尔·阿明的第三世界"依附理论",创新提出的理论概念。我们认为:

任何发展中国家只要通过"非暴力"谈判形成国家主权,从制度经济学理论看,就是一个与宗主国之间的"交易过程";只要是通过交易形成主权,就会因交易双方"信息不对称"和"实力不对称"而导致收益格局结构性失衡,往往是被殖民国家出让经济主权以获取原宗主国对其独立的政治认可;由此,**大多数通过谈判形成政治主权的发展中国家都有"主权负外部性"问题——**因新独立后都得向宗主国部分让渡经济资源和/或财政金融等权益,因此不得不在经济上和政治上继续依附于原宗主国。这个"原罪"之下,大多数发展中国家随时可能堕入"发展陷阱",且难以自拔。

大多数发展中国家,与宣布独立几乎同步的第一件事,就是与原宗主国签订经济领域的合同,但实质上,无论独立的口号多么响亮,当其继续殖民地单一经济结构时即已宣告解殖运动在经济基础上的失败。

通过对比中国经验,我们的研究进而指出:**能否化解这个解殖谈判中内生的、具有普遍性原罪的"主权负外部性",乃是战后兴起的发展中国家"依附"与中国"去依附"之间最根本的差别。**

通俗来讲，人们都熟知"扫净屋子再请客"这句话，这个具有极强价值理性的表达本身没有问题，问题在于：在占尽殖民化好处的主导国家持续利用其"比较优势"转嫁代价的压力下，解殖独立的新国家们，有没有现实的、非暴力革命的路径去"扫净"屋子，彻底"请"走原来占据屋子的"客人"？

是故，探寻中国如何在土改和暴力革命的基础上，把此前半殖民地经济遗留下来的"原罪"之一——高通胀打扫干净，归纳其经验和机制，对深化发展经济学理论研究，指导广大发展中国家"去依附"[6]实践，具有重要意义。

第二个，关于 1949 年后中国第一场政治运动——"三反""五反"的问题。

它更值得关注是因为：当今的**人们对于 1949—1952 年的经济建设成就普遍高度评价，而对于 1953 年进入社会主义改造则争议多多**。这似乎已经成为 21 世纪以来被广为接受的一种意识形态：只要中国人一直沿着建国初期的路线走下去，就可以避免后来中国经济发展的跌宕起伏。但需要指出，这些说法显然充满着对历史的肢解和选择性记忆——被正面评价的只是这三年的民族资本主义发展，在这同一期间政府开展的"三反""五反"运动，却在当今广受非议；而政府当年对经济运行做的"逆周期调节"，则更是几乎被遗忘——仿佛这三

第二章
导论:"国民经济三年恢复期"的危机解读

者是发生在截然不同的三个时空之中。

因此,对第二个问题的解答需要综合至少以下几方面因素。

其一,在背景上与第一个问题的继承性。一般按照主流意识形态做出的断代,是把1956年完成对私人资本的社会主义改造作为新民主主义革命的结束;但我们的资料分析表明,1949年中国实行私人资本为主体的市场经济实际上只有不足三年。

在贯彻新民主主义发展战略下的这三年,中国很小心地踩过了通货膨胀、经济衰退、假冒伪劣三个雷区。

前两个雷区之间的相关性在于:清末以来历届政府都促进**资本向城市积聚,这个资本集中带来"等量风险"集中的过程本身,就使城市演化成了"制度成本"[7]的积聚之所**。何况,只要是**在高通胀压力下,大部分实体产业就无利可图,势必在"经济理性"下大量发生私人资本从实体经济析出转向投机领域**。因此,通胀危机之后接着只能是萧条——扭转高通胀的幸运都必然紧跟着发生通缩导致工商业衰退的不幸。[8]**这种"经济过山车"的周期性规律之下,如果没有政府的直接干预,或者如果政府没有实力做"逆周期调节",则会出现"断崖式崩塌"**。为此,中国新政权实行了第一次改变私人资本经济运行"无政府主义"的逆周期调节,是为"第一次工商业调整"。

其二，在本质上与第一个问题的共同性。需要正视的是，**只要以追求现代化为目标的工业化发展，不管何种意识形态和政治体制，都需要进行"资本原始积累"才能有产业的形成、扩张和不断升级**。其间，资本为追求收益而不断制造负外部性乃是本性使然；中国私有企业为主的民族资本主义也不例外。这就要求，**作为实体产业的下游消费端必须忍受质次价高的变相剥夺，才能最快、最大限度地为资本原始积累贡献剩余**。[9]因此，关键的问题就变成了，谁是这个承担资本原始积累的制度成本的消费端？

人们大都熟知的观点认为，中国唯有从农村提取剩余才能在城市推进工业化，但农村土改后与城市经济"脱嵌"[10]导致城市资本品不能自发下乡，也就不能完成资本运动最后"惊险的一跳"；既然农村不可能自发地承担这个角色，那就只能是政府主动担当。遂有**1950年政府实施宽松的财政和货币政策，通过加工订购、政府采购等方式直接出手进行逆周期调节**。但政府"逆周期调节"并不能回避资本原始积累这个具有内在规律性的矛盾，这意味着政府直接承担了资本原始积累的制度成本，却不能改变同期发生的私人资本内生的特性。从资料中看，官商勾结、假冒伪劣和偷税漏税等各种以"竞劣"手法获取"横财"来加速资本积累的做法普遍蔓延，不仅显著加剧了财政紧张，而且直接关系到新政权的政治信用。

第二章
导论："国民经济三年恢复期"的危机解读

新政府一方面要发展民族资本主义工商业，就得承认资本稀缺条件下必须对私人资本进行让步；另一方面，出于政权代表性和财政紧约束的考虑，其对私人资本积累和扩张造成的制度成本的忍耐度又是有限的。何况 1950 年 6 月爆发的朝鲜战争对制造业产品的需求更是绝对容不得质次价高、假冒伪劣。当大量假冒伪劣商品在朝鲜战争期间被输送到前线时，就与国家安全形成了严重冲突，遂有新政权以高度政治化的方式来处理这一冲突，也就是后人很难进行理性解读的"三反""五反"运动。

据此可知，从战争中走出来、仍然保留着高度自觉自律精神的党中央全面发起自我整肃性质的**"三反""五反"运动，是继土改运动之后，再次以政治化手段解决经济问题，试图人为封堵住资本在城市和政府部门中转嫁制度成本的路径。**

因此，该运动客观上具有阻遏资本风险在城市过度集中的重要现实意义。

如果说，政府在"救市"中发生的官商勾结，是私人资本发展为主要趋势的经济基础，不断地作用于刚刚通过革命构建的上层建筑，那么，"三反""五反"则是上层建筑发挥能动性反作用于经济基础。这本来并不有悖于辩证法，但是，由于政治运动并不触及资本在城市完成原始积累的根本矛盾，因此，这个政治化做法的"反作用力"，即扭转资本原始积累之制度成本的成本,在运动后期开始成为矛盾的主要方面,因此,"三反""五反"运动之后,在资本集中的城市紧跟着又发生了一次经济衰退。

对此,中央政府主持了针对私营工商业的政策调整,和帮助其摆脱经营困境的第二次"人工呼吸"[11]。

从总体脉络看,在1949—1952年这段历史的客观经验中我们看到的是,政府既作为购买者直接出手减轻经济萧条的压力,又作为商业谈判者调整、压缩加工订货这些环节的利润空间,还作为政治主体清算了私人资本的各种假冒伪劣和官商勾结。如果把此前的打击高通胀和对旧社会遗留人员采取的"包下来"政策也考虑在内,可以说,政府"保、压、打三结合"的手法,贯穿了整个1949—1952年新民主主义历史阶段。

对这段复杂的史实做出梳理之后,本书试图留给后人两个有一般意义的概念:

第一,"土改红利"。在一个人口众多的传统农业国家,土地作为农民最重要的财产,在土改中实现"耕者有其田"的平均化再分配,对于国民动员具有重大政治和经济意义。由此形成内部国民动员,是发展中国家摆脱依附地位、实现主权完整地自立于世界民族之林的重要工具。而且,在**主权负外部性造成的巨大代价面前,依靠"以土地共有"的基本制度为基础形成的"内部化机制"**,来应对外部挑战,也应该是一国需

第二章
导论:"国民经济三年恢复期"的危机解读

要努力形成的比较制度优势。

第二,**"政府理性"**。不论哪类国家、何种体制,只要是奉行"发展主义"[12],对其所伴生的各种负外部性都要保持足够的警惕,**政府作为经济主体直接出手进行市场运行的"逆周期调节"不仅可以减轻危机爆发的代价,**而且,这段时期的政府经验,对20世纪90年代后期人们当作意识形态来强调的"政企分开"理论,也是个重要补充。**中国经济发展中呈现出来的这些"政府理性"的经验,**[13]极大丰富了一般政府行为理论的内涵;这个政府通过介入经济运行把政治能量转化为经济优势的过程,在30年后的地方政府公司化竞争中也被不断复制和推陈出新。[14]

注释

1. 顾龙生:《毛泽东经济思想引论》,山西经济出版社1992年版,第151页。

2. 任立新:《毛泽东新民主主义经济思想研究》,中国社会科学出版社2011年版,第104—106页。

3. 是指本书作者科研团队2005年承接的国家985农村发展人文社会科学试验创新基地,和2007年、2014年先后承担的两个国家社科基金重大项目。当前正在执行的是"作为国家综合安全基础的乡村治理结构与机制研究"(批准号为14ZDA064),中期成果已经出版。参见温铁军等:《居危思危:国家安全与乡村治理》,东方出版社2016年版。

4. 发展经济学认为,一国(或地区)从低收入阶段经过中等收入阶段向高收入阶段迈进的过程中,会出现形式各样的发展中断,即"发展陷阱",即便已经进入高收入阶段,"发展陷阱"也不可避免。因此,经济发展和国民福利提高的过程实际上就是不断突破一个又一个"发展陷阱"的过程。

5. 本书作者的科研团队于2010年承接了联合国开发计划署中国代表处资助的项目"南方国家知识分享网络",以此开展了"新兴七国比较研究",研究成果将在近期出版。

6. 参见温铁军等:《八次危机:中国的真实经验1949—

第二章
导论:"国民经济三年恢复期"的危机解读

2009》,东方出版社2013年版。

7. 指国家为工业化而做的种种制度性安排下产生的成本,除了资本积累的直接成本外,还包括与之相关的各种间接成本。

8. 更何况,当土改后回归了传统小农经济的农村独立于城市的现代市场经济,一方面固然为政府治理城市恶性通货膨胀提供了极为有力的支持;另一方面,自给自足的家户经济却也不再为工业化的资本原始积累提供剩余来源,也就客观上加剧了城市工业部门的困境。

9. 最早对这一思想进行阐述并且提出内需理论的,是美国发展经济学家纳克斯。参见纳克斯:《不发达国家的资本形成问题》,牛津大学出版社1953年第1版。

10. "脱嵌"(unembededness)一词出自卡尔·波尔尼《大转型——我们时代政治和经济的起源》。与"嵌入"(embededness)相对。作者认为,土地、货币、劳动力这三种"虚拟商品"变成可在市场上交易的商品之后,社会和经济的运行发生了重大改变,导致经济"脱嵌"于社会。民国时期工商业迅速发展时,农户生产、生活的商品化程度与现金化程度迅速提高,小农经济与资本下乡紧密交织在一起。土改后,城乡新的商品经济关系建立以前,属于农村从以城市为中心的现代市场经济中"脱嵌"。

11. 朱佳木等:《陈云》,中央文献出版社1999年版,第104—107页。

12. 本书将"发展主义"界定为将发展视为一种理念、信仰,为了追求经济增长而置人类社会伦理和生态资源、环境问题于不顾的思维模式,接近于许宝强的如下表述:"发展主义是一种认为经济增长是社会进步的先决条件的信念"(许宝强:《发展主义的迷思》,《读书》1999年第7期,第18—25页);也接近于叶敬忠对此概念进行综述中的"旧发展主义"[参见叶敬忠、孙睿昕:《发展主义研究评述》,《中国农业大学学报》(社会科学版)2012年第2期]。

13. 何慧丽等:《政府理性与村社理性:中国的两大"比较优势"》,《国家行政学院学报》2014年第6期。

14. 课题组基于苏南发展经验研究指出,"苏南模式"的价值在于地方政府理性与村社理性相结合,使得苏南农村工业化的资本原始积累虽然剩余提取强度不低但仍能维持社会稳定,并且在很短的时间内就完成了资本的原始积累——后来的乡镇企业改制及由此引发的"苏南模式的终结",则属于宏观经济危机之下地方政府向乡土社会转嫁代价的结果(参见温铁军等:《解读苏南》,苏州大学出版社2011年版)。其后续研究进一步研究了苏南地方政府在宏观经济危机之下,使用国家信用替代、产业公共服务等手段进行"逆周期调节",增加区

第二章
导论:"国民经济三年恢复期"的危机解读

域"总地租"和"总租"的种种经验探索和机制创新(参见董筱丹等:《再读苏南——苏州工业园区二十年发展述要》,苏州大学出版社2015年版)。此外,黄宗智基于重庆地方政府的创新提出了用"第三只手"推动的公平发展的探讨,"第三只手"不同于亚当·斯密的"看不见的"第一只手,它不是一个在理性经济人追求自己利益之上,被想象为促使市场经济自律以及最优化的那只手,它也不同于国家为了完善如此的市场经济,而做出各种干预的第二只手。它的经济主体是国有而不是私有企业,但是,它也不同于之前的国有企业,因为它的目的不在企业的利润,而在社会公平和公共利益。(参见黄宗智:《重庆:"第三只手"推动的公平发展?》,《开放时代》2011年第9期)

第三章

背　景：
民国危机与解放区折实货币

第三章
背景：民国危机与解放区折实货币

1949 年的新政权诞生于民国晚期恶性通货膨胀的剧痛之中。这场通胀可溯至 1929 年那场严重的世界经济危机——"大萧条"期间，美国为摆脱危机而调整了国内的贵金属政策，其巨大成本外部化转嫁导致了国民政府的贵金属本位无法维持，但民国纸币化改革后长期陷于高通胀，再度依靠"顶层设计"而把外汇作为本币依据的"金圆券"深改，却最终导致了民国金融、财政和经济体系的全面溃败。

1949 年以后，按照现代金融学的常识，在遭遇西方封锁致经济基本面更加恶化的局面下，新政权仍不具备走出这场通胀危机的可能。事实上，通胀形势确实一度恶化。

但令人关注的是，这场严重的恶性通胀却在不到一年内被彻底平复；[1]更令人不解的是，治理通胀中不仅财政赤字压力未减，而且弥补赤字还得大量增发货币……历览古今中外，在财政赤字压力下增发货币而仍能控制币值稳定的例子少之又少。[2]而由财政危机引爆金融危机，连带发生外贸巨额赤字或者外汇危机，进而引发革命政变甚至改朝换代的事例，则比比皆是，很少有执政者能在多重危机的连环爆发中全身而退。

要对 1949 年中华人民共和国诞生之初就不得不面对的胀—滞危机做客观分析，已经具有很大挑战性了；而若要理解

这场危机根源于半殖民地的中国被迫承受的"主权负外部性"，那就得先放下至今仍在社会科学领域内在形成价值判断的冷战意识形态，站在客观立场对危机寻源追本，上溯到1929—1933年西方在产业资本阶段爆发的生产过剩大危机，以及随之派生的货币战争和第二次世界大战；如此，才能理解：民国这场现代金融危机，竟然是靠土地革命实现了乡土中国传统小农经济"耕者有其田"的千年诉求，才得以解脱。下面就先从民国建立现代化金融体制的币制改革背景说起。

一、从白银危机到法币危机

民国初立，确曾有"黄金十年"。20世纪二三十年代属于中国资本主义经济的高增长时期[3]，却中辍于内部冲突和外部成本转嫁导致的危机。

我们综合已有的研究指出：民国年间遭遇的1935年白银危机和随后于1937年开始发生的长期通货膨胀，均属于西方为摆脱1929—1933年大危机的影响而不断向外转嫁代价的施政后果。可以认为，这是中国人自清末试图纳入西方主导的现代化以来，所"获得"的又一次教训。

先看美国大萧条背景下出台的《白银收购法案》及其对

第三章
背景：民国危机与解放区折实货币

中国的影响。

1934年，时任美国总统罗斯福（Franklin D. Roosevelt）在国内7个产银州和白银利益集团的游说和压力下，提议实施《白银收购法案》(The Silver Purchase Act)，6月19日该法案正式生效。财政部据此开始在国内收购白银——直到1961年年底才停止收购，1963年这项法案才废止。在该法案生效之后的15年（1934—1949年）里，美国政府共花费15亿美元收购白银，比"罗斯福新政"支持农业的花费还多。[4]（见专栏1）

> **专栏1　美国《白银收购法案》的出台与实施**
>
> 美国是生产白银的传统大国，在20世纪30年代，美国资本控制了世界白银生产的66%和白银冶炼的77%。但是，白银工业在美国经济中并不占有很重要的地位。根据1934年的数据，当年白银的产值不过3200万美元，低于花生和马铃薯的产值，与小麦和棉花的产值比就更少了。然而，在白银生产比较集中的西部七州（犹他、爱达荷、亚利桑那、蒙大拿、内华达、科罗拉多和新墨西哥），白银的产值却很重要，而来自这七个产银州的参议员控制了参议院中1/7的投票权，以这些州的议员尤其是民主党的议员为核心，再包括铜、铅、

锌等以白银为副产品的生产者，就形成了所谓的白银集团（silver bloc）。美国政府和政客们发现，只有取悦白银集团，才有可能顺利通过其他的政策或者法案。

1929年的大萧条给白银生产者带来了严重打击，白银价格急剧下降，由1928年的每盎司58美分下降到1930年的38美分，到了1932年下半年更是下降到了25美分。在这种情况下，白银集团立刻展开了抬升白银价格的游说活动，例如召开国际会议，要求政府按高于市场的价格购买和储备白银、铸造和发行银币等，但这些游说活动在胡佛总统的任上并没有取得什么效果。1932年11月，民主党人罗斯福当选为美国总统，民主党在国会选举中也取得了重大胜利，与此同时，白银集团的紧密盟友——来自农业州的民主党参议员的势力也得以加强，因此，白银集团的影响和游说活动空前高涨，而当时罗斯福总统为了通过有关新经济政策的一系列法案也需要白银集团的支持，部分纵容了白银集团的活动。著名的白银参议员皮特曼时任美国参议院外事委员会主席，他曾经宣称，如果罗斯福总统不提高对白银生产者的补贴，他将要求参议院不对"中立法"进行表决。1934年6月通过的《白银收购法案》标志着白银集团的游说活动达到了高潮。

第三章
背景：民国危机与解放区折实货币

《白银收购法案》的主要内容是授权美国财政部在国内外市场收购白银，直到白银价格达到每盎司 1.29 美元，或者财政部储备的白银价值达到黄金储备的 1/3；在收购的过程中，财政部有广泛的自由斟酌权。

主要措施有：

财政部根据是否有利于美国的公共利益决定在国内外市场购买白银的时机和条款；

当白银价格上升到每盎司 1.2929 美元或者用作货币储备的白银价值达到作为货币储备的黄金价值的 1/3 时，应当停止收购白银；

当白银储备的价值超过了黄金储备的 1/3 时应当出售白银；

银券的面值不得低于白银的成本；

财政部可以控制与白银有关的进出口及其他交易活动；

总统宣布白银国有化；

对买卖白银所获利润将征收 50% 的所得税。

资料来源：刘云中：《1934 年美国"白银收购法案"对中国经济的影响及启示》，国务院发展研究中心《调查研究报告》2005 年 11 月 28 日第 200 期。

本来，在大萧条时代的头两三年，由于与中国进行贸易的国家基本上实行金本位，市场上对黄金的需求高于对白银的需求，由此这些国家以黄金衡量的商品价格水平，包括白银价格，在1929年后急剧下降，而且银价下降幅度甚至大于普通商品价格下降幅度（例如1929—1931年，按黄金价值计算的国际市场银价下降了40%，而同期美国的批发价格指数只下降了26%）。——由此看，**中国在20世纪二三十年代以私人资本为主的大约10年的高增长，得益于前期西方还没有兴起金融全球化浪潮，还能靠不同币制规避西方经济危机，这才能实现"黄金增长"。**亦即，**实行银本位的中国在国际市场上属于法定货币贬值，这就在很大程度上避免了国际经济危机向中国的传导。**

虽然当时中国的出口也在下降，但出口降幅小于进口降幅，也小于世界总出口下降的幅度，因此，**在西方危机严峻的1930年和1931年，中国出现了近半个世纪以来难得的国际收支盈余，1931年中国进口白银4 545万两。**随之，在世界其他国家正在经受严重的通货紧缩的时候，中国国内呈现温和的通货膨胀。

然而，在大萧条持续到1931年时，英国、日本、印度相继放弃金本位，这使得仍然维持白银币制的中国旋即货币升值，国际收支急剧恶化，遂于1932年被迫净出口白银735万

第三章
背景：民国危机与解放区折实货币

两以弥补贸易赤字，国内的物价指数也开始下降。到 1933 年，美国也放弃了金本位，致使中国的货币对美元也开始上升，从 1932 年的 19 美分上升到 33 美分，当年出口仅及 1930 年的 58%，贸易赤字只能继续靠金银等贵重金属的净出口来弥补。

这说明：在世界经济和贸易开始复苏的时候，中国的经济却迈入衰退。

一般而言，处于依附地位的殖民地和"半殖民地"国家，大都追求宗主国模式的现代化，但是却浑然不觉：宗主国的现代化是通过对海外殖民地的剥夺才得以实现的。反过来讲，正在现代化道路上奋起直追的中国遭遇到从"宗主国"转嫁的输入型危机，对中国 20 世纪 30 年代正在高增长的现代经济构成严重打击。

随着历史画卷的展开，我们渐渐知道，危机转嫁中影响最大的，尚不是各国的货币贬值，而是来自于美国的白银法案。

1934 年 6 月美国《白银收购法案》通过随后开始实施，到 1935 年 6 月 30 日时，共收购了 29 400 万盎司白银。这导致国际白银价格节节攀升，到 1935 年 4 月时已达到 81 美分。

对中国来说，虽然国际市场上作为商品的白银的价格上涨，也拉升了国内作为通货的白银价格，但国际银价上涨得更快，中外银价差距扩大。到 1934 年 10 月中旬时，国际银价比国内高 1/4 以上；**到 1935 年春天，国际银价已超过国内银价**

50%。由于出口白银每千元即可获利300—400元，白银出口税和平衡税的征收根本无法遏制白银疯狂走私外流。[5]

自1934年4月至1935年11月，中国的白银储备从约6.02亿元骤降至2.88亿元（部分流入日本，再走私出口到境外）。[6]

接下来的事情凭借常识就可以预见，中国开始发生严重的"输入型"通货紧缩。而后，一连串的连锁反应势所必然地发生并形成恶性循环，如图3-1所示。

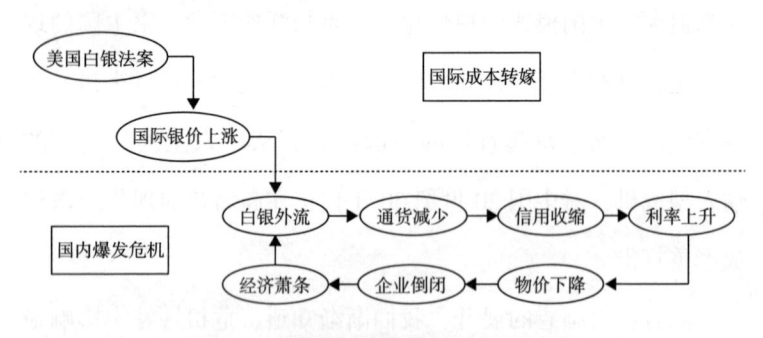

图3-1 美国白银法案引发民国经济危机

注：民国期间，中国在1934年开始发生白银大量外流后，实体产业迅速萧条，而城市则发生私人资本析出实体产业，导致投机泡沫泛起。这样，在国民经济数据上仍然表现为经济高增长。于是，1927—1937年又被笼统地称为民国"黄金经建十年"。

发生在民国1935年前后的情况与80年后的2015年类似——美国结束QE之后提高利率造成中国外汇流出、国内私人资金从实体经济析出先后进入房地产和股市投机，GDP仍然表现为较高增长率……

随着通货紧缩的发生，资产价格应声下降，尤以农村所受冲击为大。农产品价格1934年下降了6.9%，1935年再下降

第三章
背景：民国危机与解放区折实货币

3.7%；由于物价下降以及工业对农业原材料需求的减少，加上当年发生了灾荒，1934年的农业产出只有131亿元，比1931年下降了46%。[7]国民党人李天倪1934年在山东的调查显示，"鲁东向称富庶之区，地价每亩百元者，刻已低落至四五十元；鲁西、鲁南贫瘠之区，向之每亩五十元者，刻竟落至二十元或十元尚无人过问。农民破产之普通、痛苦之深刻，实为近古以来所未有"。[8]

而城乡资金利息则飞速上涨。1934年7月的市场利率为5%，到9月的时候就上升到了12%。大量的工商企业倒闭，仅1935年，上海就倒闭了1 065家工商企业，全国银行倒闭或者停业20家，当时中国最大的产业纺纱业开工量减少60%。（这一切，与2008年以来美联储先减息后加息政策在中国造成的影响何其相似……）

经济压力之下，国民政府被迫放弃银本位，实行现代化纸币制度。——诚然，民国转向现代化纸币信用的金融改革与当代"深改"类似，都是应对输入型危机所派生的。

其实，远在改成法币之前的**16世纪中叶即开始的中国白银本位时代，明清政府就已经深感国内白银余缺受制于国际白银供给波动的困扰了。**[9]民国时期法币的推行，不仅彻底改变了中国自明朝以来的白银币制，也使**中国越过西方在银本位后较为盛行的金本位，直接演进到纸币时代。**虽然在当时以及现在很多人看来,这一币制的"彻底"改革是中国跟上货币现代化主流趋势的发端,却由于该币制内在的依附性和脆弱性,不仅使民国经济从此踏上了恶性通货膨胀的不归路,也在客观上加剧了国民政府的覆亡;这一"半殖民化叠加现代化"成本恶性爆发的危机,一直延续到新中国以前所未有的措施管控住为止。[10]

众所周知,受当时属于"半殖民地"性质的中国与西方主要国家的关系所限,国民政府发行的**法币,其实并非国家凭借政治强权向纸币赋权形成的"主权货币",而是一种美元为主的外汇本位币制**。无可查证当时的决策者是否意识到:任何以外汇储备来决定本币发行的体制,都因为具有严重的外部依赖性,而对本国的货币主权构成严重侵蚀。

其中的悖论至今值得记取。主要在于:如果一国的商品出口在经济总量中占比不高,那么当外汇储备与国内实际物资流通对应的货币值低于一定的对应关系时,就会出现外汇难以调控国内货币供给的松紧而导致货币政策失灵;而**如果让出口在经济总量中占比足够大,那么不仅相当于将国民辛苦创造的财富以铸币税形式拱手让于外币发行国,而且国内经济运行也将受对外依存度过高之困扰,国家内部调控将会受到外部市场和汇率波动等因素的掣肘**。当前中国的矛盾当属后者,但民国时期的矛盾则属于前者。更何况,长期内外战争使民国财政不得

第三章
背景：民国危机与解放区折实货币

不发生高额外汇支出，从海外采购军火，势必导致外汇储备下降，对国内货币调控更加乏力，遂使投机普遍化与通货膨胀加剧形成恶性循环。

由此也可以察知，**中国之所以没有在1929—1933年西方大危机爆发的时候就跟着发生经济危机，恰恰在于当时的中国还没来得及跟世界接轨步入金本位制，西方早已弃置的白银币制虽然陈旧，但这次却在客观上帮助中国避免了与其他国家发生正面货币冲突，**[11]从而为发展重化工业争得了宝贵的时间。此期形成的工业实力，为中国接下来坚持抵抗日本侵略的抗日战争奠定了重要的物质基础，并被其后的政权所继承，成为1949年以后中国经济建设的主导力量——国家资本。

但随着1936年国民政府通过金融改革与国际接轨，开始了纸币时代，也就从此加入了国际经济危机的行列。[12]

二、民国时期的各类纸币斗争与高通胀

我们认为，半殖民化条件下构建现代化金融财政体制失败，先于现代化军队战败，成为民国败亡的主要因素。

1935年在西方大危机造成的白银外流、通货紧缩的压力下，国民政府推出了国家金融体制的重大改革，放弃传统的白

银币制，发行现代纸币。这一方面可认为是中国进入现代化经济的重要一步，另一方面也因内外矛盾复杂、导致恶性通胀而使现代金融体系坍塌。

一般发展中国家在做货币改革之际，如果不能切断与外国金融的联系（这通常是不可能的），那就必须依赖外国的资金支持和政策支持，否则根本不可能建立纸币的信用。国民政府在酝酿纸币改革时，美、英、日都希望中国货币能与其本币挂钩。**国民政府在左右权衡后最终选择了绑定美元，**[13]**客观上有促使觊觎独占中国利益的日本加快对中国侵略步伐的副作用——**1935年日本在中国推出"法币制"的同时进占华北，并于1937年发动中日全面战争；这些战事，导致国民政府财政和对外军火采购刚性开支急剧增加，维持法币稳定所需的外汇储备不足，已经对货币体系构成巨大的压力；1941年以后，法币还受到日本为转嫁本国财政赤字压力而在占领区大量发行"伪币"的排挤等的影响。（见专栏2）

1945年抗战胜利，但国民党内部派系之间被战争所压抑的矛盾却加剧反弹，货币调控与反调控成为各派系争夺资源的手段，加之国共内战仍要进行庞大的财政消耗而国民政府却很难再获得英美苏等国家的大额援助，遂使从法币问世就如影随形的通货膨胀在1945年以后越来越失控，在1948年金圆券改革失败后冲至疯狂的顶峰。

第三章
背景：民国危机与解放区折实货币

专栏 2　抗日战争时期的伪币

抗日战争时期，除了军事上的斗争之外，还有抗币（抗日民主政府所发行的货币）、法币（国民党政府所发行的货币）和伪币（日本帝国主义一手制造的汉奸伪政府所发行的货币）的三角斗争。

抗日战争时期的敌我货币斗争，大体上可分为两个时期：1941 年太平洋战争爆发前，法币在解放区和敌占区都自由流通，法币在敌占区市场占优势地位。当时法币在美英等国家的支持下，币值没有猛烈下降。日本在敌占区大量发行伪币，收兑法币，拿到上海等地的美国、英国银行去换取外汇（美元和英镑），向国际市场上套购它们所需要的各种物资。因此，它们仍让法币自由流通，并不希望法币迅速贬值。

太平洋战争爆发以后，日本从上海等地攫取几十亿元法币，同时没收美、英等国在这些地区开办的银行，这样用法币来换取美元、英镑的桥梁也因此断绝了。随之，日本就从利用法币转向驱逐法币，把几十亿元法币送到国民党大后方和敌后根据地，用来攫取大量的物资。同时大量发行伪币来代替法币，以弥补它们的财政赤字。因此，法币就迅速跌价……但由于国民党政府得到美、英等国的支持，法币的价格还是时而跌落，时而比较稳定。而且由于日寇滥发伪币，伪币的币值从1944年起猛烈下降，跌落得比法币更加迅速。

资料来源：薛暮桥：《薛暮桥回忆录》，天津人民出版社2006年1月第1版。

从实际数据看，1936年是法币启用的第一个完整年度，这一年国民政府的收支逆差为33%，用今天的标准看已经很是危险（1987—1989年中国全口径财政收支逆差一度达到25%，就引发了严重的通货膨胀，1988年通货膨胀率达到18.5%[14]），但在30年代的后几年看来，那仍然是可望而不可即的"黄金年代"。因为到1940年，收支逆差比例已经上升到了87%；1940—1945年中只有一年逆差低于70%；在抗战胜利的1945年，这一比例为81%；接下来的两年中，由于内战，收支逆差仍保持在60%以上。[15]

在抗战时期，国民政府的财政运作就已经捉襟见肘，国债贴现率高达45%—50%，增发货币遂成为国民政府唯一可行的理财办法。[16]其结果，流通纸币从1937年1月的13亿元扩张到1945年8月日本投降前夕的5 569亿元，1948年年底已狂升到245 589 990亿元。[17]由此引发的通货膨胀世所罕见：以

第三章
背景：民国危机与解放区折实货币

1936/1937 年为基期，1945 年 6 月上涨到 2 133 倍，1948 年 8 月币制改革（金圆券）前是 725 万倍，新中国成立前夕是 31 667 万倍；100 元法币的购买力，1937 年是两头牛，1941 年一头猪，1943 年一只鸡，1945 年一条鱼，1946 年一个蛋，1949 年 5 月是 0.002 45 粒大米。[18] 分时段来看，1937—1945 年属于温和通胀；1945—1948 年，物价以每月 30% 的幅度递增；1948 年后货币发行和物价增长近乎失控，在 1948 年 8 月到 1949 年 4 月仅 8 个月之间，纸币就增加了 4 524 倍，是全面抗战期间的货币增加倍数的 2 倍多，上海的物价指数则上扬了天文数字般的 135 742 倍。[19]——这就是下文要讲的 1949 年华东地区解放、人民币进入上海的背景环境。

三、"物资本位"货币体系的解放区实践

就在国统区发生严重的货币通胀危机时，也有另类的货币政策探索表明，以实际物资作为货币的信用来源，并非中共 1949 年执政后的首创，早在抗日战争时期就在山东根据地和陕甘宁边区成功地实践过。对这类做法的分析，应该纳入中国革命走"农村包围城市"道路的经验归纳之中。

山东根据地的薛暮桥就明确提出"物资本位"这一概念，

并自信地认为,"我们用这些生活必需品来作货币的发行准备,比饥不能食、寒不能衣的金银优越得多。根据地人民是欢迎我们这种货币制度的,他们不要黄金,更不要美元和英镑"。[20]（见专栏3）

专栏3 "物资本位"的抗币在山东根据地的实践

抗日战争时期山东根据地普遍实行减租减息,农民的生产积极性大大提高,农业生产连年丰收,粮食、棉花、油料等都能够自给,有些地区还有多余可以输出。山东海岸线长,产盐十分丰富,津浦、胶济铁路两侧和路西有一千多万日军和敌占区人民要吃盐,抗日政府实行食盐专卖,用输出食盐所取得的大量法币、伪币从敌占区换回所必需的各种物资,而且用来压低法币和伪币的比价。抗日政府所掌握的粮食、棉布等日用必需品是维持抗币币值最可靠的保证,不需要依靠黄金。持有抗币的人民所关心的不是抗币能换回多少金银,更不是能够换回多少美元或英镑,而是能够换回多少粮食、棉布等日用必需品。

解放战争时,有一个美国新闻记者到山东解放区来访问,他看到**抗币没有法定含金量,没有金银储备,也得不到美元、英镑的支持,却能保持币值和物价的稳**

第三章
背景：民国危机与解放区折实货币

定，认为这是无法理解的奇迹。他问当时山东主管货币政策工作的薛暮桥：抗币定什么为"本位"？薛暮桥答复道："我们采取的是'物资本位'。抗日民主政府控制货币发行数量，勿使超过市场流通需要。我们每发行 10 000 元货币，至少有 5 000 元用来购存粮食、棉花、棉布、花生等重要物资。如果物价上升，我们就出售这些物资来回笼货币，平抑物价。反之，如果物价下降，我们就增发货币，收购物资。我们用这些生活必需品来作货币的发行准备，比饥不能食、寒不能衣的金银优越得多。根据地人民是欢迎我们这种货币制度的，他们不要黄金，更不要美元和英镑。"

实践表明，山东币虽然没有黄金储备、外汇储备做准备金，但其币值很稳定，市场物价也很稳定……因为根据地工商局手里掌握着大量物资，如果发现社会物价上升，说明市场上流通的商品少了，而流通的货币多了，有通货膨胀的危险，工商局就向市场出售储存的大米、棉花、棉布、花生、食盐、花生油等，回笼货币，平抑物价；而如果发现物价下降，说明市场上流通的商品多了，而流通的货币少了，这样会谷贱伤农，根据地政府就增发货币，开动印钞机印钱，收购大米、棉花、棉布、花生、食盐、花生油等物资，充实库存……通过大量物资储备、控制货币流通数量的创新货币政策，山东根据地政府的山东币，实现了与实行金本位的美元一样的币值稳定、物价稳定……

结果，山东币开始在山东根据地周边的沦陷区全面流通，沦陷区内从商家到平民，都把商品卖给根据地，换回大量的山东币储存起来，以备购买山东食盐、花生油之用，即使是那些暂时不需要购买食盐、花生油的人，也会兑换大量山东币存起来，以便保值……就这样，人民币的前身——山东币——还成为周边地区的储备货币……因此，山东币虽然没有黄金储备、外汇储备做准备金，却实现了币值的相对稳定。

资料来源：薛暮桥：《薛暮桥回忆录》，天津人民出版社2006年1月第1版，第166—172页；薛暮桥：《薛暮桥学术论著自选集》，北京师范学院出版社1992年7月第1版，第151—159页。

在陕甘宁边区，朱理治、陈云等也对外援断绝下如何恢复和发展经济、建立货币信用进行了卓有成效的探索，中共得以避免重蹈20世纪30年代初期井冈山苏维埃财政破产的覆辙。[21]

第三章

背景：民国危机与解放区折实货币

从背景上看，陕甘宁边区和山东根据地的货币新局面都是在严重的财政困难下打开的。（见专栏4）这个财政背景与1949年的中国极为相似。

专栏4 1940年后陕甘宁边区财政困难与货币增发

陕甘宁边区地处西北黄土高原，虽宜农宜牧，有盐、煤、油、碱、铁及森林、药材等资源，但地广人稀，经济技术落后。如果不能发展经济，中共中央机关就难以在这里立足，把这里作为敌后抗日根据地的总后方。

抗战头几年，边区财政以国民党政府发给八路军的部分经费和国内外进步人士的财力物力援助作为主要收入来源。边区在1937年和1938年都只征1万石公粮，税也很轻。1940年，国民党政府停发八路军军饷，并阻截国内外给边区的捐助。**1941年皖南事变后，边区的外援全部断绝，财政经济陷入严重困难中**。毛泽东曾说："最大的一次困难是在1940年和1941年，国民党的两次反共摩擦，都在这一时期。我们曾经弄到几乎没有衣穿，没有油吃，没有纸，没有菜，战士没有鞋袜，工作人员在冬天没有被盖。"

在这种情况下，边区政府开始生产自救，同时紧缩开支、增加税收。**1940年征收公粮是9万石，1941年增加到20万石。**征公粮任务太重，引起部分群众不满。那一年雷公打死了一个县长，老百姓就说："为什么不打死毛泽东？"

1940年5月，时任边区银行行长的曹菊如指出，"财政应做到自给自足，但现在还是入不敷出，每月需要17万元，尚差4万多元"；11月，又说"财政今天遇到了一个严重的难关"。银行放款成为政府解决财政空缺的重要方式。1940年，财政机关放款占银行放款比例高达69.2%（1938年、1939年分别为21.6%和18%），其中直接财政放款占93.1%。1940年11月，边区中央局要求银行增发钞票400万元，交财政厅作生产基金及经费之用。

1941年上半年，由于财政支出及投资公营生产的需要，银行增大发行量。1941年3月至6月，边币发行月平均递增率为31.9%，仅3月下半月，递增率达71.1%，4月为37.1%，5月为27.2%，6月为18.3%。由于货币量增长过快，延安物价递增率由3月的12.9%增至6月的26.7%，边法币的比价递增率由6.6%增至14.6%。有鉴于此，银行在7、8月间"发行上采取紧缩政策"，7月递增率为7%，8月为8.5%。到9、10

第三章
背景：民国危机与解放区折实货币

月，因投资盐业生产，发行量又上升，递增率分别为 16.9%、13.2%。12 月，因"抢购物资，进行农贷，及财政周转"，发行递增率由 11 月的 4.5% 变为 13.9%。从 1942 年 3 月起，边币不断贬值。2 月到 5 月，边币、法币的比价分别是 2.58：1、2.91：1、3.00：1、3.50：1。

资料来源：金冲及、陈群主编：《陈云传（上）》，中央文献出版社 2005 年版，第 351—401 页；耿磊：《朱理治与 1941—1942 年陕甘宁边区银行》，《史学月刊》2015 年第 6 期。

此期，在新任边区银行行长朱理治的领导下，边区银行除了强调银行贷款的生产性，加大对农业生产、贸易的放款力度外，放款方式也采用了多样化的折实措施。1942 年，银行决定农业放款采取实物贷款办法；工业放款采取订货办法，将来以货还本；商业放款，除小型带救济性质贷款外，亦采取订货办法。以农贷为例，银行以折实方式发放耕牛、农具等贷款，即按市价将贷款折成实物（粮食或棉花）放出，农民收获后交还等价实物。如 1942 年发放的 400 万元农贷，除延安、甘泉、子长等部分地区实行现金放款外，其余基本采用实物贷款。不同地区还采取不同的折实方式。如在志丹、安塞等县，银行用镢头、犁、铧等实物贷出，用农产品收回；在安塞县，青黄不接时放出小米，秋收后仍用小米归还。农贷折实"帮农民解决了困难，促进了生产，给银行保本保值，使农贷得以周转下去，对私对公都是合理的"。[22]

1943年后边币发行和进出口贸易再度陷入困难。下半年开始金融波动、物价猛涨，贸易、金融和财政问题日益凸显出来。据统计，1943年边区进口647 264万元，出口536 472万元，入超达110 792万元。延安市1940年100斤食盐可以交换棉花30.5斤或布4.1匹，但到1944年同量的食盐却只能交换棉花7.5斤或布1.4匹。[23]

1944年边区为扭转财经局面，在陈云的指导下采取了一系列重要的做法，包括加强出口管理、鼓励生产替代进口、发行"盐票"（正式发行名称为"商业流通券"）等，这些后来都成为我国从促进物资流通和增加生产两方面治理通胀的经验依据。(见专栏5)

第三章
背景:民国危机与解放区折实货币

专栏5　1944—1945年陕甘宁边区如何恢复币值稳定

在陕甘宁边区,外贸盈余是形成边区银行法币储备从而保持币值稳定的重要途径。**当时边区贸易中,盐是最大宗的出口物资,一般占边区产品出口总值的2/3;棉花和布匹是最大宗的进口物资,一般占边区进口总额的65%以上。**因此,盐和棉、布对平衡进出口和稳定物价具有举足轻重的作用。

在盐的输出上,1944年边区打了一场漂亮的"囤盐斗争"。1944年4月18日,日本侵略军发动的豫湘桂战役在河南爆发,边区盐的销路被阻断。西北财经办事处却决定在已经发放的对贩盐运输合作社3亿元贷款的基础上,追加资本3亿元,共用7亿元资本来进行囤盐斗争,一共囤盐1 000多万斤。开始时,国民党区域不来边区买盐,但山西阎锡山坚持了十多天,西北其他地区坚持了两个月,最终都只好来边区买盐。盐价由每百斤12 000元的赔本价,越过13 000元的保本价,提到16 000元的有利价。后来,因为战事变化,国民党统治区海盐来源完全被阻断,边区进一步囤盐提价,西华池盐价涨到每百斤18 000—19 000元(法币),柳林则涨到36 000—37 000元。

在棉花和布匹的输入上，边区一方面在收棉时节抢在国民党之前以高出对方1.5倍的价格买入棉花，另一方面积极发展生产，种植棉花，利用冬闲时节织布。1944年9、10月间，关中平原新棉花上市，国民党区的棉花价是每百斤11 000元，边区棉花收购价为每百斤28 000元，高出国民党区域17 000元。这不仅调动了民间商人向边区售棉，也驱动了封锁边区的国民党军队向边区卖棉赚钱，"封锁我边区的国民党军队连排长亲自带整连整排士兵背花进来，有的一夜背三趟"。边区在两个月内争取到进口优质新棉花百余万斤，为发展纺织业满足衣被之需预备了足够的原料。1944年边区还自己生产了300万斤棉花，老百姓冬天自己纺线织布，布就从外边买得少。"如果不种棉花，都要从外面来买布，就要拿225亿元（边币），等于法币二十六七亿元。"

由于棉、盐的进出口比价把握合适，1944年边区实现出超19亿元边币，1945年继续出超，扭转了进出口贸易入超的被动局面，也为边币稳定奠定了基础。

为了稳定边币币值，经过反复比较，**陈云提出了"盐票"的解决办法**："要将边币与法币的比价提到1∶1，而又要使市面金融不停顿，就要想一'偷梁换柱'的办法。……可否考虑由盐业公司发一种流通券，定价

第三章
背景：民国危机与解放区折实货币

与法币1∶1，与边币比价则固定于1∶9，并使其在边区流通，一面逐渐收回边币，至预想程度时，即将边、法币比价一跃而提升为1∶1，然后再停止盐票的发行，以边币收回盐票。如此，边币提高至1∶1的目的可达到，市面金融又不受影响，又可驱逐法币，使我们不吃亏。"

根据这一想法，1944年5月23日的西北财经办事处会议决定发行边区贸易公司商业流通券，指出：商业流通券名义上是贸易公司发行，实际上由边区银行发行；流通券每元折换边币20元，逐步收回边币；今后边区贸易往来、债权债务清理，一律以流通券为本位币。商业流通券票面为50元，可与边币互相兑换。

由于以上几方面的因素作用，边币和法币的比价从原先的12∶1、10∶1，降到1944年6月以后的8.5∶1，并基本稳定在这个水平上。12月以后，流通券主要作为特别放款，投放于贸易方面，收购盐和土产，有效地支持了对外贸易。流通券还支持了银行资金周转，保持吞吐有度。流通券更换残损的小面额边币，又便于流通，方便了人民生活。

1961年，周恩来对边区的成就作了这样的评价："在陕甘宁边区搞生产的最高峰只有3年，即1943年、

1944 年、1945 年。当时我们提倡'耕三余一',即耕三年,余一年的粮……这一提倡果然做到了。等到 1947 年 3 月,胡宗南向延安进攻,我们撤出延安,在陕北打游击,到了任何一个地方,即使是最艰苦的横山山区,老百姓家存的粮食都是满缸满仓的。我们就靠这个打了三年的解放战争,胡宗南的部队无可奈何。"

资料来源:金冲及,陈群主编:《陈云传(上)》,中央文献出版社 2005 年版,第 351—401 页。

第三章
背景：民国危机与解放区折实货币

注释

1. 吴承明、董志凯主编：《中华人民共和国经济史（1949—1952）》，中国财政经济出版社2001年版，第311页。

2. Ronald I. McKinnon. *The East Asian Dollar Standard, Life after Death?* [J]. Economics Notes, 2000 (29).

3. 费正清，罗德里克·麦克法夸尔：《剑桥中华人民共和国史（1949—1965）》，上海人民出版社1990年6月第1版，第157页。

4. 见 http://weibo.com/1197745300/Ddd8NleKO?from=singleweibo&mod=recommand_weibo&sudaref=www.baidu.com&type=comment#_rnd1454125302430。

5. 刘云中：《1934年美国"白银收购法案"对中国经济的影响及启示》，国务院发展研究中心《调查研究报告》2005年11月28日第200期。

6. 徐蓝：《英国与中日战争1931—1941》，首都师范大学出版社1991年版，第75页。

7. 刘云中：《1934年美国"白银收购法案"对中国经济的影响及启示》，国务院发展研究中心《调查研究报告》2005年第200期。

8. 李天倪：《提高粮米价格救济农村破产案》，《农村复兴委员会会报》1934年4月第11期。

9. 韩毓海：《五百年来谁著史：1500年以来的中国与世界》，九州出版社2009年版。

10. 刘云中：《1934年美国"白银收购法案"对中国经济的影响及启示》，国务院发展研究中心《调查研究报告》2005年第200期。

11. 李爱：《白银危机与中国币制改革——解析国民政府时期的政治、经济与外交》，华东师范大学博士论文2005年。

12. 网络论坛上有人从国家利益的角度进行评价，转录在此供读者参考："白银法案其实就是另一场'石油美元'，出台时机是1934年，当时美国需要走出大萧条，用这招进行美元收购白银，推高国际市场银价。这样就控制了银本位大国如中国和墨西哥的经济命脉，把这些国家的货币信用由白银转向美元。这是罗斯福在深思了他和元首（希特勒）的差异化优势后做出的决断，因为墨西哥和美国西南部的白银七州是当时地球上主要白银生产地，美国人很容易控制白银流动。当中国的货币信用从白银变成美元之后，要买进口货就只能买美国货，相当于保护了美国的工业复苏。1934年以前元首靠以物易物贸易打入中国工业品市场的德国货份额就被美国挤占了。"

13. 谌旭彬：《民国最凶险的一次死里逃生》，2015年1月30日，见http://view.qq.com/a/20150130/012199.htm。

第三章
背景：民国危机与解放区折实货币

14. 温铁军等：《解读苏南》，苏州大学出版社2011年版。

15. ［美］吉尔伯特·罗兹曼主编：《中国的现代化》，上海人民出版社1989年版，第372—373、432页；转引自程漱兰：《中国农村发展：理论和实践》，中国人民大学出版社1998年版，第41页。

16. ［美］小科布尔：《江浙财阀与国民政府1927—1937年》，南开大学出版社1987年7月版，第43页。

17. ［美］徐中约：《中国近代史：1600—2000，中国的奋斗》（第6版），世界图书出版公司北京公司2008年1月第1版，第515页。

18. 中国人民大学农业经济系：《中国近代农业经济史》，中国人民大学出版社1980年版，第203页；转引自程漱兰：《中国农村发展：理论和实践》，中国人民大学出版社1998年版，第41页。

19. ［美］徐中约：《中国近代史：1600—2000，中国的奋斗》（第6版），世界图书出版公司北京公司2008年1月第1版，第515页。

20. 薛暮桥：《薛暮桥学术论著自选集》，北京师范学院出版社1992年7月第1版，第153页。

21. 1940年，毛泽东致信彭德怀，提到"根据地工作最差最无秩序最未上轨道的是财政经济工作，许多重要工作都接受了苏维埃时期的教训,独财经工作至今没有接受过去的教训,如不速加注意,必遭破产之祸"。参见耿磊:《朱理治与1941—1942年陕甘宁边区银行》,《史学月刊》2015年第6期。

22. 耿磊:《朱理治与1941—1942年陕甘宁边区银行》,《史学月刊》2015年第6期。

23. 金冲及,陈群主编:《陈云传(上)》,中央文献出版社2005年版,第351—401页。

第四章

危机：
财政赤字、通胀危机与土地革命

第四章
危机：财政赤字、通胀危机与土地革命

一、人民币诞生：危机的终结还是延续？

中共建党以来就长期被苏共指为"农民党"，理论上接受苏共提出的只能先发展民族资本主义的思想，到20世纪40年代演变而成新民主主义战略，但这一战略设想却在占领大城市之初就已经陷于困境之中——从下文可见，**以如此高企的恶性通胀、如此薄弱的经济基础，试图通过私人资本来实现工业化，几乎没有现实可能性**。按照经济常识，这个靠着新民主主义革命建立起来的新政权无论宣布何种体制，只要在剩余过少、高度分散的小农经济条件下推进现代化，就**难免遭遇城市资本与乡村农民之间交易成本过高的对抗性矛盾**……

中华人民共和国成立时的情况堪比今日之亚非贫困国家：1949年工农业生产总值456亿元，人均工农业生产总值84.18元；社会总产值548亿元，每人平均社会总产值101.17元；国民收入总额358亿元，人均国民收入66元。[1]工业基础薄弱，农业产值在国民经济总产值中占绝对优势，且农业产值基本上全部是由传统的手工方式生产的。1949年，中国粮食平均亩产142斤，而世界平均水平154斤。[2]另据资料显示，该年同历史上最高生产水平相比,工业总产值下降一半,其中重工业下降70%,轻工业下降30%,粮食总产量仅为2 250多亿斤。**人均国民收入只有27美元,相当于亚洲国家平均值的2/3。**[3]**全国失业的工人和知识分子约为150万人,除此之外,尚有相当数量的半失业人口。**[4]

继续考察可以发现,新政府当年若沿着民国没有走得通的民族资本主义方向继续走下去,其经济基础很难支持其走出从民国延续而来的严重通货膨胀。

一方面,刚进占大城市、仍未结束战争的新政府刚一算经济账就立即发现:财政赤字支出以及中央政府货币增发的压力比国民政府有增无减。超越意识形态地看,这与民国晚期的宏观经济困境如出一辙——财政高额赤字得靠增加纸币发行才能弥补;遂使货币贬值压力立显。

据陈云讲,1949年,财政收入相当于粮食303亿斤,而财政支出却达567亿斤,赤字264亿斤,**赤字占总支出的46.56%**;若剔除东北,则关内财政赤字更高达占全部支出的**65.97%**,换言之,关内每支出1元钱,仅有1/3来自于财政收入,**其余2/3都要靠增发货币**。人民币自1948年12月开始发行到1949年年底,一年内增加了160倍,至1950年2月更增加到270倍。[5](见专栏6)

第四章
危机：财政赤字、通胀危机与土地革命

专栏6　建国初期的财政赤字压力

1949年10月1日举行开国大典时，国内战争仍在进行，**1949年仅直接用于部队的军费支出，就高达新政权财政总支出的60%**。而且，新政权对愿意服从的旧军队和旧政府人员采取"包下来"的政策，加上解放区已有的军政公教人员，军政人员数量剧增，8月份为600万，到11月份已经增加到700万。这些人员庞大的开支需求，主要靠印发人民币纸币来维持。

陈云于1949年8月8日在上海的财经会议上的讲话提到：

1949年7月底纸币发行额为2 800亿元，以此为基数，为保证军队打仗、新解放区钱粮补贴、铁路修补、轮船交通企业投资、邮电和工矿投资、国营事业周转金和收购棉纱的资金等用款开支，8月至10月每月需发行1 633亿元，这还没有考虑到工业投资和农产品收购；11、12月除军费外还要收购棉花和出口物资，每月需发行1 692亿元。

而实际货币发行量远远超过上述计划，11月13日陈云在就通货膨胀问题为政务院财政经济委员会起草的报告中提到，货币发行额9月底为8 100亿元，10月底

为 11 000 亿元，到现在已经达到 16 000 亿。

这些新增货币主要是弥补财政赤字。据陈云估计，8 月到 11 月，财政支出已达 54 300 亿元，可是，财政收入仅 18 800 亿元，赤字 35 500 亿元（原文中此三处单位皆为万元，作者综合其他资料认为应为亿元，否则难以建立起合乎逻辑的数据对应关系）。**总收入只占总支出的 34.6%，差不多是支出 3 元，收入 1 元，赤字 2 元。** 1949 年 12 月至 1950 年 2 月，3 个月支出共需 31 400 余亿元，收入估计 6 400 余亿元，赤字 25 000 亿元。

资料来源：金冲及、陈群主编：《陈云传（上）》，中央文献出版社 2005 年版，第 642—656 页；《陈云文选》第 2 卷，人民出版社 1995 年版，第 1—8 页。

另一方面，刚刚结束战争的中国经济百废待兴。与民国时期相比，已经发行的货币更加缺少物资基础。

农业上，由于连年战争及自然灾害，1949 年，全国牲畜比战前减少了 1/3，主要农具减少了 30%。农村劳动力明显减少，仅华北地区，就比战前减少了 1/3。全国受灾农田达 12 795 万亩，约占当时总耕地面积的 8.71%，粮食总产量由战前最高年份的 15 000 万吨下降至 1949 年的 11 218 万吨，棉花

第四章
危机：财政赤字、通胀危机与土地革命

产量由1936年的84.9万吨下降至1949年的44.4万吨，油料产量由1933年和1934年的507.8万吨下降至1949年的256.4万吨，大牲畜存栏头数由1935年的7 157万头下降至1949年的6 002万头。[6]灾民达4 000万人，其中无吃缺吃的灾民有700万人。1949年12月中旬，华东、华北因旱涝灾害而缺粮，根据最低限度的估算，华东缺粮11亿斤，华北缺粮18亿斤，共29亿斤。[7]

用于工业生产的物资也被大量劫掠或破坏，工业生产比战前显著下降，由于工业品稀缺，工农产品价格"剪刀差"比1936年扩大了45.3%。1949年工业总产值比1936年下降一半，其中重工业下降尤为严重，钢铁生产1949年比1943年降低了90%，煤炭生产1949年比1942年降低50%。到中华人民共和国成立时，中国钢铁工业只剩7座平炉、22座小电炉，生产能力所剩无几；发电设备总数仅剩114.6万千瓦左右，**全国全部工业固定资产仅剩124亿元。**[8]

此外，国民政府将相当部分的机构和物资撤到香港，其中有29家国家垄断企业，包括垄断旧中国航空事业的中国航空公司和中央航空公司；旧中国最大的海运公司——招商局轮船公司的香港公司；负责矿产品出口的资源委员会贸易处及国外贸易事务所和中国银行、交通银行等金融系统9行局，资产净值共约2.43亿港元。[9]

基础设施方面，铁路、公路、航运等基础设施受到破坏，交通周转运输极为不便，加剧了重要物资的区域性短缺。1949年，中国只有干支线铁路26 878公里（包括台湾省的913.7公里）。[10]公路同样数量少、质量差。据1950年的资料统计，全国国道、省道共149 000公里，其中通车里程86 000公里（表4-1中是8.07万公里，所引书中即存在文、表数据不一致问题），与国土陆地总面积相比，平均每100平方公里只有1.6公里公路。公路中，已铺路面的公路只占总里程的30%，而且绝大部分只是用碎石或砂卵石等铺的低级路面，其中60%以上是土路。[11]航运业方面，中华人民共和国成立时，解放区（西南、华南地区未计入）运输轮驳船共有2 357艘，38.1万总吨。而在中国香港、中国台湾和其他海外地区的轮船合计448艘，78.2万总吨。[12]航空业于中华人民共和国成立后才进入初创阶段。由此，中华人民共和国刚成立时现代化运输货物周转量只有229.6吨公里，仅及战前1936年的52.7%。[13]（见表4-1）

不仅物资匮乏，由于国民党撤往台湾时带走了国库几乎全部黄金储备，央行中本就不多的硬通货储备基本降至零，新政权几乎没有回笼货币的手段。根据《人民日报》上的一份研究结果，国民党撤离大陆前，先后3批实际运去台湾的黄金共277.5万市两，银圆1 520万元。[14]根据李宗仁回忆，1948年年

第四章
危机：财政赤字、通胀危机与土地革命

底，蒋介石命令中央银行将所存黄金、银圆、外币共约5亿美元全部移存台湾。[15] 上海解放后，中央银行被接管时，只剩黄金6180两，银圆1546643枚，以及少量外币。[16]

表4-1　1949年中国交通运输线路长度

单位：万公里

项目	铁路	公路	内河	民航（1950年数）	邮路
1949年可通行里程	2.20	8.07	7.36	1.14	93*
历史最高水平	2.68	14.9	—	—	—

说明：*包括华北乡村邮路约25万公里。

资料来源：《中国经济年鉴（1981）》，中国统计出版社1981年版；《1949—1952中华人民共和国经济档案选编·交通通讯卷》，中国物资出版社1996年版，第7、487、957页；转引自吴承明、董志凯主编：《中华人民共和国经济史（1949—1952）》，中国财政经济出版社2001年12月第1版，第70页。

因此，处于中国的**解放区政权在物资和硬通货严重匮乏下大量发行纸币的结果：建国初期用人民币衡量的物价即出现灾难性暴涨，从1949年4月到1950年2月，全国先后发生4次大的物价波动**（见专栏7）。从1948年12月到1949年12月的一年里，石家庄、北京等13个城市批发物价的综合指数上升达73.84倍，最高如石家庄上涨达85.4倍，较低的如郑州也上升65.83倍。天津以1949年3月为基期，到年底物价上升了35.18倍。每次物价上涨风，都是从大城市开始，然后波及

各地。民生的基本物资——粮食，和工业的基本物资——纱布，这两项重要的物资不仅带头波动，[17]并且随着增发货币量的累积，呈现出物价上涨幅度加速的趋势。

专栏7　建国初期的四次人民币贬值

1. 第一次贬值。1949年华北发生严重的春旱，春粮短收，4月一场大范围的物价波动席卷华北、西北，波及山东、苏北、平津等地。在4、5两月，上述地区物价普遍上涨50%左右。以北京、上海等全国13个大城市物价批发指数为例，1948年12月基期指数为100，1949年3月涨到234.3，4月涨到287.0，5月升至494.8；环比指数1949年4月为122.5，5月则涨至172.4。[①]

2. 第二次贬值。这次物价风潮发生在上海解放后不久。首先由银圆投机开始，继而向粮食、棉纱等主要商品进袭，带动上海物价直线上升。从1949年5月17日到6月9日的23天中，总指数上涨2.7倍以上，黄金上涨2.11倍，银圆上涨1.98倍，米上涨2.24倍，纱上涨1.49倍。纸币的通货地位，几被黄金、银圆所排挤。从6月23日到7月21日近1个月内，纱价由32.5万元上涨至61.5万元（棉纱重量单位不详，原文如此），上涨

第四章
危机：财政赤字、通胀危机与土地革命

89%；粮食上涨更猛，从6月23日至7月16日，米价由每石11 700元涨至59 000元，上涨404%。整个物价上涨幅度均很大，7月物价指数上升204.61，比6月份上涨104.6，各种主要商品7月平均价格比6月上升50%—200%。平津物价也急速抬升，物价风潮如野火般骤然蔓延到全国。

3. 第三次贬值。这是建国后物价涨势最猛、波及范围最广、局面最紧张、延续时间最久的一次全国性物价涨风。1949年10月1日，中华人民共和国在北京宣布成立。从10月15日开始，以上海、天津为先导，华中、西北跟进，首先是进口工业原料如五金、化工等价格节节上升，接着纱布、粮食价格大幅度跳升，推动整个物价猛涨，每天上涨10%到30%，人民币币值狂跌。批发物价指数1949年6月为100，10月升为302.5，11月猛涨到720.9，12月则达到了998.3。京、津等全国13个大城市的批发物价指数9月为1 667.5，10月涨到2 179.4，11月创下5 376.6的纪录，12月则攀升至7 484.2。[②]以7月物价为基础，到12月10日，上海、天津、汉口、西安四大城市的物价平均上涨3.2倍，11月24日达到物价波动的最高点，为7月底的3.7倍。

4. 第四次贬值。1950年春节前后，投机分子利用

上海市场春节"红盘看涨"的老"规律"和国民党飞机轰炸上海,电厂遭到严重破坏、工厂停工、春节前消费品供应趋紧等机会,在粮食和纱布上掀起又一次物价风波,带动全国物价上涨。全国15个大中城市25种商品批发物价指数,如以1949年12月为100,到1950年1月升至126.6,2月升为203.3,到3月则上涨为226.3。分地区来看,以1949年年底为基期,重庆上涨186%,西安上涨132%,广州上涨73%,天津上涨83%,上海上涨71%,武汉上涨68%,沈阳上涨57%。后期的物价上涨速度远远高于货币发行量增加的幅度。

资料来源:①《1949—1952中华人民共和国经济档案资料选编·综合卷》,中国城市经济社会出版社1990年版,第111页。

②《1949—1952中华人民共和国经济档案资料选编·综合卷》,中国城市经济社会出版社1990年版,第111页。

除已标明出处的内容外,其余数据均来自贺水金:《试论建国初期的通货膨胀及其成功治理》,《史林》2008年第4期。

第四章
危机：财政赤字、通胀危机与土地革命

以上论述，都不过是表明了我们多年来强调的两个观点：一是高通胀危机主要爆发在现代工商业资本集中的城市；二是危机压力下的私人资本不仅会顺周期做空，而且会把资金从实体生产转向投机经济。这两点，从新中国呱呱坠地之际就很明显。

总之，随着政权更迭而刚刚问世的人民币是新中国的主权货币，需要在国内树立其作为主权货币的信用；如果国家货币信用建立不起来，那么与货币信用相对应的国家对内政治权力就是不完整的。[18]

如何在一片生产萧条、投机活跃的地基上盖起经济基础结实的大楼，并以其支撑完整的国内政治主权，是国民政府付出了政权失败的代价也没有解决的问题；新诞生的中国政府何以做到？中国人欣赏毛泽东诗词中的"一唱雄鸡天下白"，但那只是诗人对中华人民共和国诞生的浪漫主义的表达，学者则必须给出合乎经济理性的客观解释，其形成的机制和规律归纳才有可能指引后人在与时俱进的困难面前"而今迈步从头越"。

二、人民币"维稳"："物资本位"破解纸币危机

众所周知，中华人民共和国成立后，中国共产党政权出乎

意料地在短短一年多时间内，就标本兼治地成功应对了民国延续十多年的长期通货膨胀。

对此应该问的是：一个革命起家的执政党、近乎一穷二白的国家政权，尚未完成国家统一就遭遇朝鲜战争，在迎战以联合国军为名的 16 国军队的同时被西方全面封锁，如此内忧外患之际拿什么来实现自己作为独立主权国家的政治经济目标？

就当时的经济形势来看，打仗和过日子是矛盾的：要打仗就得增发货币保证军需，但增发货币就会通货膨胀，通货膨胀就会影响经济运行，日子就没法过好。

基于这种情况，1949 年 4 月，董必武、薄一波曾提出，因为物价上涨压力大，新政权不能增发货币。这其实相当于顺周期"做空"。但中共领导人后来采纳的陈云的观点恰恰相反，是逆周期"做多"。陈云认为，长期来看，随着共产党在全国夺取政权和各地生产恢复，新政府在经济运行中是能占据主动地位的，则眼下增发货币就不必担心形势失控；更何况，**控制通胀的物资采购也需要增发货币来购买。**

实践证明，政府直接出手"做多"，亦即"逆周期调节"，是走出危机的主要经验。

不过，体现政府理性做逆周期调节，得有一定的条件，否则就很容易南橘北枳。后人历经多次危机，特别是看到 2008 年华尔街金融海啸之后，美欧日中都相继推出大规模增发货币

第四章
危机：财政赤字、通胀危机与土地革命

的QE（量化宽松）政策，才有所理解：陈云1949年面对危机的主张本身，所体现的就是应对危机挑战的"政府理性"——**只有在借助国家政治强权直接向纸币做信用赋权的条件下，政府才得以做逆周期调节。**

但是，可与之比较的是，当年国民政府也曾大规模增发货币以期实现逆周期调节，却政权覆亡。

由此可知，**国家主权"完整"作为前提条件的必要性**：只有奠基于全民被革命战争充分发动起来、对全民承担无限责任的人民政府，才能构建出这类体现综合理性的双赢结果。

从实际过程来看，建国初期保卫人民币的主要机制，可以梳理如下：

从短期看，主要依赖于军事政治权威。其一，直接对资本集中的城市实行"军事管制"，占有一切官僚资本和跨国资本的财产，最低成本地建立能够"集中力量办大事"的国有资本制度体系；其二，政府直接出手对重要物资进行全国范围内的超大规模统筹和动员，与投机商的"硬通货"进行对决，这是改变物资价值被投机资本所控制的基础。但是，中国长期存在的条块分割问题也值得纳入思考：如果不是各大野战军刚占领的大城市几乎都遭遇到投机和高通胀恶性循环的严峻危机，中央政府未必能够在部门与地方利益错综复杂的体制结构中得心应手地贯彻逆周期调节措施。

中期来看，最为关键的经济政策是建立中央政府以实物为本位的宏观调控工具。通过政府掌控的"三折实"（折实公债、折实储蓄、折实工资）实现城市分配体系、财政体系和金融体系这三大领域中人民币与实物物资的绑定，强化人民币作为通货的信用。

长期来看，有两个重要的因素不容忽视。

一是增加生产。新政府重视农村鼓励增加农副生产，尤其是动员民众进行了大规模的农田水利基础设施，对荆江、淮河、海河等过去水患频仍的水系兴建了大型水利工程，控制了水患，数千万亩的农田从灾田变成稳产田。1949—1952年，土地耕种面积增加了10.25%，粮食产量增加了46.1%。[19]还值得注意的是，很多水利工程款是用贷款的方式发放的，如果没有对农民的广泛动员为基础，就不可能将劳动力大规模组织起来，也就不具备下放贷款的渠道。如果由财政来全额承担水利工程款项，那将又是国家财政的一笔沉重负担。

二是节约开支。全国范围的"增产节约"运动以及由此展开的"三反""五反"运动显著地提高了财政资金使用效率，在战争仍然继续的条件下，新政府1951年、1952年连续两年实现了财政节余。

因折实形成浮动利率下储蓄、投资或劳动的稳定预期，使人民币被全国人民接受，成为人民银行的储蓄来源；于是，社

第四章
危机：财政赤字、通胀危机与土地革命

会储蓄增加使得我国银行业有了信贷投资能力。

由此，"S=I"这个发展经济学的理论模型史无前例地在中国得以体现。

（一）增发主权货币增强实物调配能力

今人看到的建国史，大多淡去了建国初期复杂的抉择过程和试错过程。

早在1949年4月，董必武、薄一波曾提出，因为物价上涨压力大，新政权不能增发货币。这个观点显然是有道理的，因为当时的财政赤字早就超出了政府债务率的红线，确实不具备增发货币的基础。然而，陈云主张增发货币。他认为，长期来看，随着共产党在全国夺取政权和各地生产恢复，新政府在经济运行中是能够占据主动地位的，那么，暂时的增发货币就不必担心形势失控。中央最终采纳了陈云"做多"的观点，当年财政支出达到财政收入的2.9倍，部分上也是用增发货币对接收过来的国有资本和上层建筑"做多"的结果。

如果以狭义的货币金融学视角，在贵金属或者外汇作为货币发行依据的条件下，增发人民币只能使其信用摊薄，因此增发属于"做空"；但如果以"大金融"[20]的视角看，货币是中共最大的对冲赤字的手段，在政权大局未定之时压缩财政支出，显然会自缚手脚，不利于新政权站稳脚跟；而增发货币如果运

用得当，则可促进生产的恢复，有利于夯实经济基础，使人民币对应的实体经济规模稳步扩大——因此，增发是"做多"，减发才是"做空"。

从下文可以看到，打击民生物资的投机、释放土地革命的巨大潜力、接管与运营国家资本，都需要政府使用"看得见的手"来操作，而货币是这只"看得见的手"近乎唯一可用的武器。

但是，同为增发货币，人民币增发与民国时期的法币增发具有本质不同。法币在性质上是依附货币，信用维系在美元外汇储备上，随着外汇储备减少，法币相对于美元贬值，则法币在市场上的购买力下降，遂有发行出去的货币大部分又回流到工业和金融中心的上海，涌入实物投机领域，政府财政之手的调控作用亦被摊薄。而人民币是具有"人民本位"内涵的主权货币，具备通过制度创新自我赋信的基础条件，自我赋信即为自我赋权，使政府这只"看得见的手"有实在的力量。

可见，人民币和法币相比的一大优势是依靠土地革命形成了去依附的国家政权，从而拥有了去依附的国家资本和货币体系，摆脱了外部势力介入和国内财团干预侵蚀货币主权，货币可以与国民财富建立直接的对应关系，体现货币主权的完整性。因此，"以多做多"的财政调控手段才高度有效。

土地革命使新政权获得了放手发动农村的条件，将增发货

第四章
危机：财政赤字、通胀危机与土地革命

币形成的庞大货币流疏导到农村，极大减轻了城市的通货膨胀压力，在货币领域再现了"农村包围城市"的基本战略。从下文可见，土改和货币增发二者紧密结合才能"以多做多"：在土地革命对农民进行了全面发动的基础上，通过增发货币，将更多劳动力和资金要素注入农村水利设施建设和农业生产，激励农业生产3年实现了46%的增长；通过恢复铁路、公路、航运等交通基础设施，将农村征收和采购来的农产品迅速集运到大城市周边，才能形成对商品投机者的绝对力量优势，并使各种折实制度成为可能；搞活国营工商企业，将城市工业产品带到农村市场回笼货币，才能够渐次地推进"货币下乡"并"沉淀在乡"，使农村成为巨大的货币蓄水池。

中央政府强大的物资调配能力，还**得益于长期战争形成的集中体制：中共在统一指挥军事行动和统一制定根据地建设方针路线中形成了中央高度集权体制**，在通货膨胀这个各地区均无法回避的挑战面前，**中央财政经济委员会从权力最高的军事部门受权成立，这使得中共具备了更大的跨区域、跨部门协调能力**，在此基础上形成了强大的全国范围的物资调配能力，才能在短时间内从各地征集到难以置信的天量物资。(见专栏8)

这个短期内重塑中央政府的政治经济权威的经验，与历朝历代中央地方关系都难以厘清，特别是清末至民国中央对地方的约束能力渐行渐弱的情景，形成了鲜明对比。

专栏8　集中力量办大事
——全国财经工作制度化统一体系的形成

战争时期各解放区处于彼此分割的状况,财政经济工作基本上各自为政,各自发行货币。毛泽东、周恩来、任弼时到西柏坡后,周恩来提出:各解放区财经工作不能再搞"联合政府",要搞统一政府,取消办事处,成立中央财政经济部,并建立中国人民银行,统一发行货币。[1]

但各解放区财经工作远未协调。比如,1948年10月济南解放后,华北解放区和华东解放区连成一片。由于两个解放区的物价相差较多,在两个解放区交界处的商品集散地临清市(济南解放前,临清是华北解放区与华东地区贸易的主要边境城市),发生了华东、华北两个解放区国营贸易机构抢购棉绒的大战。参加抢购的有20余家公营商店,抢购棉绒150万斤,结果导致物价暴涨,私商趁机渔利,掺假使潮。据估计,国营贸易机构收购的棉绒平均每百斤含水分10斤,使政府遭受了重大损失。[2]

1949年6月4日,在中央财经委成立大会上,刘少奇明确表示财政经济上需要高度集中,陈云指出,解放

第四章
危机：财政赤字、通胀危机与土地革命

战争的胜利日益扩大，财经问题也逐渐增加，并且往往是带有全国性的，这就需要有一个机构来处理这些问题。③

中央财政经济委员会（简称"中财委"）在中华人民共和国成立前夕由中央军事委员会设立并领导，各地军委会下设财委会，从而形成了"集中力量办大事"的财经制度结构。

资料来源：①金冲及，陈群主编：《陈云传（上）》，中央文献出版社2005年版，第595—596页。

②吴承明，董志凯主编：《中华人民共和国经济史（1949—1952）》，中国财政经济出版社2001年12月第1版，第102页。

③金冲及，陈群主编：《陈云传（上）》，中央文献出版社2005年版，第609—611页。

在中国特色的集中统一的制度优势下，在全国范围内进行了物资超大规模统筹和动员。在上海指挥全国财经工作的会议上，陈云指出从各地区之间到地区内部，都要加强统筹协调。"在财政上，一定时期内还有比较大的地方性，但地方如果都各自打算，分散使用力量，就不能应付目前这个局面。现在把

所有后备力量统统集中也不可能，但主要的后备力量，必须有步骤地合理地统一使用。"[21]会上要求，收购土产和资金，要组织统一的花纱布公司和统一的土产公司。各地区对原属野战军的支援物资，一般的要由中央统一调度。各地区大宗物资的调拨，要经过中财委。[22]

为了应对1949年年底自然灾害导致的29亿斤粮食缺口，1949年秋至1950年春，中财委决定从东北、华中、西南往华东、华北调粮，其中，从东北调粮15亿斤，从华中调粮11亿斤，为了补足剩下的3亿斤缺口，"保证几个大城市的粮食供应与棉花，不惜工本从四川运些粮食到宁沪。准备四万万斤，来提防奸商的捣乱"。据周太和回忆说："当时上海存粮不到1亿斤，要保证在冬季以前存粮达到4亿斤，需要多方设法，一方面组织江苏、浙江、安徽运粮接济上海，一方面从东北、华中、四川赶运大米到上海。除此，为了对付上海的投机商，还安排在杭州、南京间（嘉兴至常州一带）集积6亿斤至8亿斤大米作为后备力量。实际上是布置了三道防线：第一道杭嘉湖、苏常一线；第二道，江苏、浙江、安徽急速运粮；第三道由东北、华中、四川组织抢运。这样我们就可以和粮食投机商争夺粮食阵地，掌握了粮价。**上海刚解放时我们手里只有2 000万斤粮食，到1950年上半年，由国家掌握的粮食最高达17亿斤，够一年半的周转。**"[23]

第四章
危机：财政赤字、通胀危机与土地革命

为此所进行的全国范围的物资大调运规模是惊人的。据统计，到1950年5月25日，计划由中南区调往华北、西北、华东的6.78亿斤粮食已超额完成3.54%；计划由东北调往华东、华北的16亿斤粮食已完成计划的98.13%；计划由华北调往华东的3 000万斤杂粮也全部完成，到7月底，全国共调运粮食60亿斤。[24]

（二）全国调集物资打赢货币"淮海战役"

面对建国初期四次人民币做空风潮，新政府的"货币保卫战"从第二次开始，大功初成于第三次。两次都主要发生在民国时期投机资本最集中的地方——上海。

在应对第二次做空投机的"银圆之战"时，中共的主要手段仍然是军事和政治相结合的，由时在上海的陈毅、饶漱石、邓小平、刘伯承等直接出动军事力量查封了银圆交易，并且政治性地宣布银圆交易非法，人民币为唯一合法通货。但在结果上看，查封手段尚未根本控制住通货膨胀的发生。此时，中共已经认识到，人民币的主要敌人不再是没有信用的金圆券，而是有着长期流通历史，并且在高通胀压力下被民间资本和社会公众认同有增值潜力的银圆。银圆的市场信用基础仍然坚实。（见专栏9）

专栏9　上海"银圆之战"

1949年5月27日上海解放。第二天，上海军管会就发布了《关于使用人民币及限期禁用金圆券的规定》，以人民币（旧币）一元收兑金圆券十万元。6月5日起，严禁金圆券在市场上流通。由于金圆券的信用已接近于零，收兑工作十分顺利，七天内共收兑35.9万亿元，约占国民党政府全部金圆券发行额的53%。

但是，新发行的约20亿元人民币只是浮在市面上，并没有进入实际流通领域——**从实际情况看，没有实物对应的货币收兑，只不过是把金圆券的贬值压力接到了自己手里。**[①]

由于实际发挥货币本位作用的仍然是银圆，人民币只能起辅助作用，购买小额货物，因此银圆成为投机的对象，原来一块银圆值100元人民币，6月3日涨到720元，6月4日突然涨到1 100元，且涨势仍在继续。6月5日，华东财委和上海市委抛出十万银圆，力图压制银圆投机，但如"泥牛入海"，6月7日银圆每元的价格反而涨到1 800元人民币。

市场手段失败的代价过高，对新政府是个沉痛的教训。直到6月10日上海市军管会派兵查封了证券交易

第四章
危机：财政赤字、通胀危机与土地革命

所大楼，逮捕了一批投机分子，才给投机势力以沉重打击。与此同时，官方公布了《华东金银和外币管理办法》，禁止金银、外币自由流通和私相买卖，或以金银、外币计价。人民银行开始挂牌收兑金银外币。6月14日起，银行举办"折实储蓄"存款。靠这些低成本的直接干预措施，政府暂时缓和了物价涨势。

资料来源：①后来各地吸取这一教训，对金银收兑采取了低价冻结的办法。在解决取缔银圆买卖和严禁金银计价流通的同时，各地人民政府还采取了由人民银行挂牌收兑金银的办法。由于社会上金银较多，为了不致因兑换而大量增加市场上的人民币，加剧通货膨胀，人民政府实行了低价冻结政策（西南地区解放以后，由于该区银子较多而人民政府掌握的物资不够多，为避免冲击市场，索性暂时不予收兑金银），即人民银行的兑换牌价较大幅度低于黑市价格，从而使富人不愿将手中的金银去兑换人民币而愿意保存起来。但是这种低价也不是低到不合理的程度，同时也考虑到兑换者的利益，政府随着物价上涨，几次调高兑换牌价。到1949年年底，上海收兑银圆108万多枚，北京收兑22万多枚。1950年3月物价趋于稳定以后，国家适当提高了金银兑换比

价，加上人民币币值稳定，国家收兑的金银数量大增。以广东省为例，1950年一年共收兑黄金745.5万两（其中下半年收兑的占71.1%），银圆101.2万枚（其中下半年收兑的占73.7%），纯银5 323.6万两（其中下半年收兑的占98.2%）。参见武力：《中华人民共和国成立前后的货币统一》，《当代中国史研究》1995年第4期。

其余资料参见金冲及、陈群主编：《陈云传（上）》，中央文献出版社2005年版，第569页。

银圆投机失败之后的城市私人资本，转而搞起了粮食和棉布的大规模投机，靠"囤积居奇"操纵市场牟取暴利。这就是"银圆大战"之后接踵而至的"米棉大战"。

从下文可知，打赢第三次以投机压迫人民币贬值的"米棉之战"，对于奠定人民币的通货地位具有决定意义，而其关键，恰恰不在于政府手中有更多的"硬通货"——银圆，而在于政府手中有更多的"硬货"——基本物资。正如陈云所说，"人心乱不乱，在城市中心是粮食，在农村主要靠纱布"；"我掌握多少，即是控制市场力量的大小"。[25]

这个应对第三次人民币贬值风潮的斗争过程堪称经典，最充分地展现了政府理性——将政治力量与经济运作相结合的主要运作机制。这次战役，也是中共第一次在经济舞台上"秀

第四章
危机：财政赤字、通胀危机与土地革命

肌肉"，从此人们开始明白：站在人民币后面的，不仅是国家政治力量，还有在土地革命战争的举国动员基础上形成的举国物资调度力量。

因此，这次成功的货币保卫战，不仅对人民币短期确立其货币体系中的地位具有决定作用，对于中期巩固人民币信用的"三折实"措施的顺利实施也具有重要意义——在人民币信用尚弱时，民众总要看到其他与民生有关的信用保障嫁接上，才愿意接受它。在折实制度实践中，为人民币信用护航保驾的正是共产党以全国范围内的物资动员能力形成的实物物资保障能力。这次完美收官的人民币保卫战，毛泽东赞誉其意义"不亚于淮海战役"，绝非溢美之词。（见专栏10）

> **专栏10 应对第三次人民币贬值风潮——"米棉之战"**
>
> 1949年从6月中旬到7月下旬的一个多月中，中国私人资本最为集中的上海兴起了投机商针对民生物资的投机风潮。他们乘国民党残敌对中共政权实行武装封锁、特务捣乱和一些地区遭受水灾、风灾之机，砸下巨资炒作米粮、棉纱等，以米价带头，纱布跟进，带动物价全面上涨。上海米价猛涨4倍，纱价上涨1倍，同时又影响到整个华东和华北、中南等地，7月平均物价比6月上涨1.8倍。

面对第三次物价上涨潮的来势汹汹，主持中央财经工作的陈云注意到，上海投机者主要囤积纱布，华北投机势力集中冲击粮食。为了避免两面受敌，他首先集中精力应对北方粮价稳定问题，从 11 月 15 日起每日由东北运粮 1 000 万斤供应京津地区；同时逮捕和严惩了 16 家投机粮商。这些手段震慑了投机者，安定了民心。从京津腾出手来之后，陈云开始全力抑制上海的物价涨势。

为应对这次物价飞涨，7 月 27 日至 8 月 15 日，陈云主持召开了华东、华北、华中、东北、西北五个大区的财经会议，商讨解决上海和全国面临的严峻经济形势。陈云提出，**解决上海问题和稳定全国物价的关键，是抓住"两白一黑"（即大米、纱布、煤炭）**。"两白一黑"中的关键又是大米和纱布，"我掌握多少，即是控制市场力量的大小"，"人心乱不乱，在城市中心是粮食，在农村主要靠纱布"。

在客观地分析了物资来源及运输条件之后，陈云认为通过物资的调集保证上海的物价稳定是完全可能的。1948 年年底上海人口为 505 万人，1949 年 5 月达到 550 万人，扣除农村人口，市区人口为 440 万人，再扣除解放后暂时回去的 40 万人，当时市区常住人口为 400 万

第四章
危机：财政赤字、通胀危机与土地革命

人，按每人每月供应 11 公斤左右口粮计，上海每天需供应 300 万斤左右大米，这些可以从老根据地调拨。①

因此，陈云尽管承认中共货币增发是造成通货膨胀的主因，但也同时认为，增发货币的同时通过从老根据地调拨物资，物价上涨是可以控制的。这样就能既"做多"进行逆周期调节，又使制度成本可控。

在 11 月之前，中共充分发动自己严密的组织体系，从全国范围调集物资。以粮食为例，计划从四川调集 4 亿斤到上海，从东北每天运输 1 000 万斤粮食入关（共计半个月），还有华北、华中、山东等解放区也在源源不断地运送粮食到各大城市。这次动员范围之广、调动物资之巨已经远远超过淮海战役的规模。截止到 11 月底，中共调集的粮食不下 50 亿斤（打淮海战役调集的粮食才 10 亿斤），国营中纺公司掌握的棉纱和棉布达全国产量的一半。

通过**连续小幅上调物价牌价吸引投资商囤货等措施**，人民银行吸收了 8 000 亿元社会游资。

11 月 24 日，总体物价水平达到 7 月底的 2.2 倍，在此价格水平上，**中央掌握的物资和市场上流通的货币量相当。**

11 月 25 日，中央指挥全国各大城市统一行动，集

中抛售。**除了大量调运、抛售物资外，还配合税收、信贷等多种手段，使投机资本完全没有喘息的机会。**中财委规定所有国营企业的资金一律存入国家银行，不得向私营银行和资本家企业贷款；私营工厂不准关门，且须照发工人工资；加紧征税，不得迟交。同时，全国各地严加取缔地下钱庄，截断投机分子的资金来源。

起初投机商仍然大量扒进，甚至不惜举债买货，但从当天起物价不仅稳定，而且稳中有降，大大出乎投机商的意外。在政府连续抛售10天后，投机商们再也坚持不住了，只能纷纷贱价求售，物价由此下跌达30%—40%。这时，持续了50天的物价涨风，在中央的统一指挥和统一行动下，终于被全面制止。这就是著名的"米棉之战"。

资料来源：①许毅，李正华：《陈云领导的上海米粮之战》，《文史博览》2003年第8期，第9—11页。

其余内容根据以下资料整理：薄一波：《若干重大决策与事件的回忆》，中共党史文献出版社1991年版；《中共当年金融战之霸气》，见http://www.360doc.com/content/16/0302/12/1941668_538784910.shtml；金冲及，陈群主编：《陈云传（上）》，中央文献出版社2005年版，第642—645页。

第四章
危机：财政赤字、通胀危机与土地革命

在上面这个故事中可以发掘出很多具有一般性的规律。私人资本在长期高通胀之中一般都会努力使其资金析出实体经济，转向投机炒作。客观地看，这完全符合市场经济规律下的"个体经济理性"。

据中国人民银行行长南汉宸回忆："平津解放以后，我们开始对平津二百家以上的行庄实际情况，作了调查统计。这样才知道他们投入生产的资金额，只有他们前账资金的17%，70%以上都投入商业，而以另外的百分之几，拿些文化事业作为点缀。可以说，绝大多数的行庄，在前账以外，都设有一本、二本甚至三本以上的后账。而且，后账运用的资金，竟占全部资金的80%以上，而前账却只有10%—20%，以此前后账共计，则投入生产的，便仅有1.7%到3.4%了。换句话说，便是他们资金的96.6%以上，都是从事直接或间接投机的。"[26]

同理，**国民政府经济失败，客观原因之一就在于只掌握有限外汇、黄金白银和粮食棉纱的政府，不可能有力地以逆周期方向调节市场投机行为**；政府抛售压价反而成了对投机商的巨额补贴，于是就出现了官方资本以各种方式进入投机、腐败横行且迅速蔓延，最终搞垮官方信用体系的规律性后果。

从这些一般性上归纳中国共产党官方的做法，可以看出其与国民政府的差异。

在这两次物价上涨中，值得注意的是人民币面对的对手不是早已失去信用的法币，而是民众接受度极高的硬通货——银圆。这意味着**官方赋权的纸币要与市场赋权的银圆进行信用对决**。那么，在当时的条件下，只能是用实物物资为纸币信用"压舱"。而要让有限的物资发挥出最大的威力来，能在短期内集中绝对优势数量的粮棉物资乃是一击必中的重中之重。因为，一般量级的物资抛售，根本没有办法压制住市场投机。

比如6月5日，华东财委和上海市委抛出10万银圆，力图压制银圆投机，但实际效果却如泥牛入海一般，反促使银圆的价格从原来的100元人民币（抛售前涨到1 100元）涨到6月7日的1 800元。又如10月10日上海曾开始一轮粮棉抛售，以期平抑市场价格，从10月10日至11月10日的一个月中，抛售的棉纱共2万件，棉布共30万匹，加上粮食、食糖等物资，全月收回的通货达300余亿元；但这些物资很快就被全国多个城市的投机商趁机囤入，政府的措施完全到达不了市场终端。投机者甚至还开始了地区之间的"串货"，在一个大城市抢购政府抛售的物资而到另一大城市去囤货牟利……

正是这些"市场手段无效"的情况迫使中共转变思路，从"逆市调控"转向"顺势而为"，通过逐日提高市场牌价，"诱敌深入"促使社会游资更加向粮棉物资储备集中。到11

第四章
危机：财政赤字、通胀危机与土地革命

月底中共在全国主要大城市同时开始抛售时，根据货币发行总量和实有物资量，按当时的价格水平，中共手上集中的实物的价值已经超过了社会资本总量，并且国营机构手里储存的棉纱达到全国产量的一半，这才形成了短期内有足够威力打击投机的能力。

这次货币保卫战之后，上海仍继续囤有远超于实际需求的粮棉物资大半年之久，以防投机商卷土重来。如陈云所言，这些物资虽然不一定销售，但现场必须有，而且还要在京津地区安排大量的后备货源。"必须下决心在阴历年关前后保证上海囤米四亿斤左右。且以后除日常出售外，要常存四亿直到秋粮上市为止。"[27]

一直到1950年年初中共再次以绝对物资量平抑了第四次物价上涨风潮，人民币才开始获得足够的信用，逐渐被老百姓接纳为储蓄货币——此前一直都是下文将要讲的"折实储蓄"。

（三）"三折实"为人民币赋予实物信用

如果说前面的"银圆大战""米棉大战"主要是军管体制下的政府直接使用国家资本对有实力的大投机者做出的战役性打击，那么"三折实"就是政府面向普通升斗小民手中的余钱剩米，推出的保值措施，并以此建立了国家金融资本的信用

基础。[28]

今人已经很难想象的是，**1949年中华人民共和国刚成立的时候，财政预算的单位并不是人民币"元"，而是论斤算的小米**。其实，这个传统由来已久，在解放区就实行过。后来成为国家统计局局长的薛暮桥曾经回忆说，**各解放区虽然发行货币的币种不同、货币量不同，但大体上是解放区每个人30斤小米的货币量，超过这个数量，货币就要贬值**；反之则是货币不足，容易谷贱伤农。

中共从解放区进入大城市后，鉴于人民币的币值还不稳定，**包括军公教人员（军人、公务员、教师）在内的全部国有体系仍然沿用了小米作为核算单位**。比如中国就苏联对中国工业建设支援跟苏联谈判的时候，请来一个**苏联专家的工资就是18 000—20 000斤小米，而中国国家主席、副主席的工资是3 400斤小米，部长级工资是2 400斤小米，局长级工资是1 800斤小米**。

这种以小米替代货币作为基本计价单位的方法，其实就是一种"折实"。

包括这种办法在内，新政权在三个领域采取了折实的做法，**以此来稳定货币信用和市场关系，保证市场对新增货币的持续吸纳**。

这三个折实领域是：1）政府发行折实公债；2）公职人

第四章
危机：财政赤字、通胀危机与土地革命

员发放折实工资；3）银行举办折实储蓄。尽管每个领域的折实办法有所不同，但都是与实物物资紧密关联在一起的。人民币在这里只是一种交易媒介，并不具有货币的等价交换物的属性；具有价值保值性质的是粮、棉、煤等基本物资。

以下对三种折实制度分别介绍。

1. 折实公债

折实公债是指按各时期不同的价格折实收款，又按各时期不同的价格折实还债，从而保证买公债的人不会受到购买力的损失。这里，公债作为一种储蓄手段的性质没有特殊性，有创造性的做法是用折实的实际物资保证公债的信用。[29]（公债发行的酝酿过程见专栏11）

> **专栏11　新中国第一期公债发行始末**
>
> 发行公债早在中华人民共和国成立前就开始酝酿了。然而，从最初计划到最终落实发行时隔仅5个月，公债发行规模却增加为原计划的5倍。
>
> （1）2 400亿元人民币公债发行计划的提出
>
> 为了稳定金融物价，解决财政困难，1949年7—8月，陈云主持拟订了第一次公债发行计划。
>
> 综合陈云在会上的报告及会后的补充说明，这次公债发行规模为2 400亿元，占当时财政赤字大约1/4。

陈云的理由是，因解放区日益扩大，人员继续增加，加之修铁路、战争等，开支不断增加，而收入一时难以骤增，8月至12月，全国财政赤字估计为5800亿元。此外，为保证纺织，保证农副产品的继续生产，收购物资款亦不可少，秋后收购棉花及出口物资需现钞3500亿元。两项合计为9300亿元。

这些开支如果全部靠发行货币解决，很难稳定物价，江南农村及小城镇用大米作交换物资，已使大米价格突出。拟发行公债2400亿元；虽然这只占货币发行额的1/4，但在金融上所起的作用很大，除弥补赤字、减少物价波动外，还可易于收购土产，帮助货币下乡。

公债用折实办法：各地发行规模为华东1200亿元、华中700亿元、华北400亿元、西北100亿元；**发行对象主要为城市工商业家，未经土改的新区之地主亦需推销**；公债条例争取在8月份尽早公布，发行期间至10月底截止，收款重点在9月份；**公债款每年还1/3，分3年还清，次年（1950年）11月开始第一次还本付息，年利定为4厘（相当于半年定期折实储蓄利率）**。①

但由于民族资产阶级对现时发行公债一事尚有异

第四章

危机：财政赤字、通胀危机与土地革命

议，遂中央决定推迟发行。②

(2)"人民胜利折实公债"的正式发行

第一次公债计划由于民族资本家的反对而胎死腹中，而将公债发行第二次提上日程则是民族资本家的主动要求。

迄今各种文献的说法大体上都是因为物价上涨对于工商业运行影响很大，所以各方要求发行公债。但结合历史背景可知，物价上涨始于13年前的1937年，其对工商业运行的影响并非新近才有之事；并且，三四个月前讨论发行公债以减缓物价波动时，民族资本家是持否定意见的，何以三四个月后就态度如此反转？

本书认为，导致民族资本家改弦易辙的主要原因是，11月下旬"米棉大战"中，中共凭借全国范围的实物物资动员完胜了各大城市来势汹汹的物价上涨，也打掉了私人资本借物价上涨牟取投机收益的空间。这在纸币史上也是一个意义重大的转折性事件，是私人资本家始料未及的。于是，在物价平定导致投机空间收窄后，资本的代表者们转而要求政府采用公债来弥补赤字，"维持稳定的货币环境"。

准确地说，9月至11月中共在全国各地收购和运输粮棉物资，11月25日在各大城市统一抛售，当天物价

开始回落；3天之后，中共就开始"应各方要求"讨论发行公债，并且由国家最高领导人亲自主持会议——1949年11月28日，毛泽东主持中国中央政治局会议，研究1950年全国收支概算和发行人民胜利折实公债的问题。12月2日，毛泽东主持召开中央人民政府委员会第四次会议，听取了薄一波所作的《关于一九五〇年度全国财政收支概算草案的报告》和陈云《发行公债弥补财政赤字》的报告，通过了《关于发行人民胜利折实公债的决定》。

根据报告和所公布的公债发行计划，1950年财政赤字预计占全部支出总额的18.7%。解决赤字的办法有两个：一是依靠发行公债，解决赤字的38.4%；另一个是发行货币，解决赤字的61.6%。

计划发行人民胜利折实公债总额为2亿分（原文二万万分），于1950年内分期发行，第一期在1950年1月至3月定期发行。募集和还本付息，均以实物计算，单位为"分"。**每分以上海、天津、汉口、西安、广州、重庆六大城市之大米（天津为小米）6斤、面粉1.5斤、白细布4尺、煤炭16斤之平均批发价的总和计算。**此项平均市价，统一由中国人民银行每十日公布一次。公债分5年偿还，第一年偿还总额10%，以后每年递增

第四章
危机：财政赤字、通胀危机与土地革命

5%（即从第一年到第五年分别按照 10%、15%、20%、25%、30%的形式比例偿还），每期自发行截止时起，每满一年抽签还本一次。公债年息 5 厘，亦照实物计算，自发行截止日起，每满一年付息一次。发行公债时应适度增发新钞，使银根不过紧，以达到推销公债，回笼货币，又避免物价下跌、工商受挫的局面。

12 月 16 日，政务院通过了第一期 1 亿分（原文一万万分）公债的发行条例，1950 年 1 月 5 日开始发行。

依当时物价计算，每分公债之值约等于 12 000 元人民币，第一期公债计划发行 1 亿分即为 12 000 亿元。

从实际情况看，第一期公债发行超额完成，第二期公债因国家财政经济情况已经基本好转，没有再发行。[③]

资料来源：①迟爱萍：《新中国第一笔国债研究——兼谈陈云关于"人民胜利折实公债"发行思想》，《中国经济史研究》2003 年第 3 期。

②薄一波：《若干重大决策与事件的回顾》上卷，中共中央党校出版社 1991 年版，第 76 页。

③金冲及，陈群主编：《陈云传（上）》，中央文献出版社 2005 年版，第 654—655 页。

据专栏 11 可知，折实公债早在 1949 年 7—8 月中共集中应对上海银圆冲击时就开始酝酿了，当时陈云希望借此减少货币增发。但毛泽东等会同一些经济学家商议后认为，当时中华人民共和国并未宣告成立，发行公债的时机尚不成熟。直到以"米棉大战"完胜为标志、新政府使用国家资本打赢了三次人民币保卫战之后，发行"折实公债"的时机才算真正成熟。

1949 年 12 月 4 日，《人民日报》刊发中央人民政府委员会关于发行人民胜利折实公债的决定：本公债之募集及还本付息，均以实物计算标准，其单位定名为"分"。每分以上海、天津、汉口、西安、广州、重庆六大城市之大米（天津为小米）6 斤、面粉 1.5 斤、白细布 4 尺、煤炭 16 斤之平均批发价的总和计算。此项平均市价，统一由中国人民银行每十日公布一次。"本公债定为年息 5 厘，亦照实物计算。"[30] 自 1950 年 1 月 5 日发行以后，各地努力推销，至 7 月 10 日各地实销数共为 915 万分，占任务数的 91.6%，减少了财政赤字 40%。[31]

2. 折实工资

1949 年之后，由于人民币币值不稳定，私营、公营企业都广泛采取了折实工资的办法，折实标准多种多样，甚至同一城市工资计算单位也有多种。新政权在对旧中国遗留下来的庞

第四章
危机：财政赤字、通胀危机与土地革命

大的公职人员和企事业单位职员、工人采用"包下来"的政策后（见专栏12），为了既保障这部分人的基本生活，又不过多增加国家财政负担，由劳动部、中财委先后对工资改革提出方案和修改意见。1952年前后，以大区为单位，华北、华东、中南、西南、西北等地区都进行了工资改革，统一以"工资分"作为工资的计算单位就是工资改革的主要内容之一。

"工资分"的确定，是以粮、油、布、盐、煤五种主要的生活用品为代表，每个"工资分"含：粮0.8斤、白布0.2尺、食油0.05斤、盐0.02斤、煤2斤。实物的数量全国一致，而实物的品种各地有别。如粮食，长江以南为大米，华北为40%的白面、60%的粗粮，东北为20%的白面、80%的粗粮。布、油、盐、煤各地采用的种类、牌号也不相同。同等级技术工人在任何地区都可得到同等的工资分数，但折人民币数额不同。

专栏12 "包下来"政策的背景

与20世纪80年代以后多次施行的以"财政甩包袱"为实质的"包出去"政策调整相反，1949年"接班"的新政府对旧公职人员以及官僚资本企业职工实行了"包下来"的政策。

中华人民共和国成立前夕，随着大中城市的陆续解

放，如何对待国民党政府遗留下来的公职人员和接收的官僚资本企业中的职工成为摆在中国共产党面前的一个棘手问题：全盘接纳必定给新政权造成沉重的负担，放任辞退又会形成失业上升和社会动荡。先期解放的东北地区，在接管城市的过程中总结经验，决定对国民党公职人员及企事业单位职工暂时实行原样"包下来"的政策，以利于新政权的尽快建立。平津解放以后，中共中央通过权衡利弊，同意了"包下来"的政策。这样，在中华人民共和国成立前后新旧政权的交替过程中，中国共产党和人民政府对国民党政权遗留下来的600余万公职人员和企业职工采取了"包下来"的政策，进行了妥善安置，从而避免了失业人数的扩大。

1949年9月24日，中共中央发出《关于旧人员处理问题的指示》，提出：(1) 在旧人员中，除少数战犯、特务及劣迹昭著的分子以外，一般均将其希望寄托于我们，其基本要求是吃饭。京、沪、杭解放后，把旧人员裁去了2.7万余人，引起很大波动，北平和平解放后，遣散傅旧部军官1.7万人均逃至绥远，怨天恨地，现在仍须由我负担解决，所有这些经验，说明旧人员一般不能用裁撤遣散方法解决，必须给以工作和生活的出路。(2) 党及人民政府有改造和在工作中养活这些人的责

第四章
危机：财政赤字、通胀危机与土地革命

> 任，我们准备在全国解放后，**在一定期间内，包括新旧军政人员在内，总共养活 900 万人到 1000 万人**，这在财政上必然有很大困难，但是可以解决，而在政治上十分有必要。
>
> 资料来源：吴承明，董志凯主编：《中华人民共和国经济史（1949—1952）》，中国财政经济出版社 2001 年 12 月第 1 版，第 314 页。

折实工资的 1/3 与"公粮"实物征收直接对应，这种不以货币为中间媒介的"实收实发"极大地减少了民生物资经由市场交易而被投机炒作的空间。因此，以"工资分"为计算单位，是物价波动情况下稳定职工生活的重要有效措施。[32]

3. 折实储蓄

折实储蓄是针对人们重物轻币心理开办的。这种储蓄方式在 1948 年由华北银行试办过，就是将人民币折成实物单位，按"折实单位"牌价保值储蓄。储户存取款均按牌价折成若干"折实单位"计算，"折实单位"价格上升而出现的币值差额由银行（国家）补贴。（见专栏 13）

专栏 13　折实储蓄的推行

为推行折实储蓄业务，1949 年 4 月 20 日，中国人民银行颁布《定期储蓄存款暂行章程》，规定开办整存整付、零存整付、整存零付、存本付息四种折实储蓄；一个"标准实物单位"为面粉 1 斤、玉米面（或小米）1 斤、布 1 尺三种货物价格之和，其价格以当地报纸公布之物价为准，并按存取款前 5 日平均物价计算。[①]

由于物价上涨时折实储蓄存入与支取的牌价有很大差距，为防止商人投机，在举办初期，规定活期及定期 1 个月以下的折实储蓄只限于职工、教师等人，3 个月以上的定期存款不限对象。

1950 年 3 月 18 日，中国人民银行制定出《折实存款统一章程》，规定折实单位由各地人民银行选择适当物品合成，除以前的四种普通折实存款外，另外开办机关共营企业及合作社定期折实存款、特种折实存款。与 1949 年相比，取消了对期限与吸储对象的限制。在农村，则推行了单一折实储蓄。这种储蓄以单一实物，按当地贸易机构公布的零售价为折实计算标准，到期支取时"听涨不听落"。农村折实储蓄种类分为三种：（1）

第四章
危机：财政赤字、通胀危机与土地革命

生产生活零存整付存款；（2）爱国有奖储蓄存款；（3）农村定额储蓄存款。

资料来源：①《1949—1952 中华人民共和国经济档案资料选编·金融卷》，中国物资出版社 1996 年版，第 286—287 页。

其余资料参见吴承明，董志凯主编：《中华人民共和国经济史（1949—1952）》，中国财政经济出版社 2001 年 12 月第 1 版，第 779—780 页。

除了折实储蓄以外，还有实物贷款。**实物贷款即贷实收实，或以实物计算贷款和还款，可以减少货币发行量，并有助于稳定物价。**实物主要包括粮食、棉花、棉布、油料等。实物贷款在华北解放区较为盛行。农业贷款专款专用，主要用到农业投入上，并采取低利政策。以华北解放区为例，农业货币贷款月息为 1—10 分，比工商业贷款的月息低得多（当时工业贷款为 5—10 分、商业贷款为 7—10 分），而农业实物贷款的月利息又比农业货币贷款更低，即 5 厘至 1 分。[33]

由于折实对应的物资以白米、白面、白布为主，所以有的地方又把折实储蓄通俗地叫作"存三白"[34]。

折实储蓄随着通胀压力缓解而退出舞台。

从 1950 年 3 月开始全国物价逐渐向下滑落，并日趋稳定，从 4 月 1 日至 15 日半个月，工商业存款增加了 20% 以上，与此同时人民银行的折实储蓄单位户数减少了 27%，折实单位份数减少了 36%，而同期人民币存储户数增加了 28%，存款金额增加了 29%，并出现有人存 6 个月以上的长期存款，这是抗日战争以来久未有过的现象。天津于 1950 年 7 月 1 日停办折实存款业务。到 1950 年年底，全国停办折实存款业务。[35]

总体来看，**财政和银行、工资分配三个体系对应三套折实物资办法，使国家在农业这种实体经济为主的条件下，有了不依赖贵金属而能够有效抵制通胀的标准化、系统化做法。**

其中：

农业税的粮食实物征收和公务人员的折实"配给制"分配体系，构成紧平衡下的部分财政收支对应关系，这样城市社会的主要收支部分因需求扩张而带来的通胀压力在相当大程度上得以缓解。

银行储蓄对应的折实，十多年来第一次使持有货币由负财富效应变成正的财富效应，对回流社会多余资金具有重要作用。由于商品的价格由市场上流通的货币量和社会上的实际商品量所决定，政府越多掌握实物物资，越有利于回流社会资金。

第四章
危机：财政赤字、通胀危机与土地革命

同理，折实公债也起到了减轻财政压力、回笼货币、抑制通胀的作用。

实践表明，**这三个具有即时浮动利率+固定利率的复合利率特征又操作极为简单的折实制度，形成了新政府宏观调控结构上密切配合的"黄金组合"。**

到1952年，全国生活物资和工业用品价格稳中有降，意味着已经打掉了高通胀压力下私人资本推动投机经济的"虚火"：1952年12月上海、天津、沈阳、汉口、重庆、西安、广州七大城市52种主要商品的批发价格指数比1951年12月下降6.4%，其中，食品类价格除了谷类之外下降15%，燃料、工业装备和原材料下降13%，棉纱和棉布下降1%，建筑材料下降9%。上海批发物价指数1952年较上年下降6.6%，全年逐月平均波幅为-0.6%，这是抗日战争以来所没有的现象，标志着建国初期反通货膨胀斗争取得了决定性的胜利。[36] 在资本利益集团麇集的城市中站稳了脚跟的中国共产党人，从此可以专心致志地应对实体经济的其他问题了。

本书讨论了新政权靠"革命红利"扭转危机的经验。这里要进一步强调的是，作为新独立的国家，无论是短期内集中打击恶性投机治理通胀，还是据以建立财政和金融体系的**"三折实"，这些措施都不可能孤立执行，客观上看，还是毛泽东提出"农村包围城市"的中国革命战略在和平年**

代的演变：

首先，分到地的小农恢复了传统的自给自足经济，自发与市场经济脱钩，这就使得总人口的88%与城市爆发的现代经济危机无关，政府只需要着重应对城市中的危机。而民国刚好与此相反——因工商业兼业地主为主体的产业资本对农业原材料的需求，农民生产经济作物的比重大幅提高，农户生活的商品化和收入的现金化程度随之提高，生活生计受法币贬值的影响也就越发深重。[37]（见专栏14）

专栏14 民国时期农业生产与农户经济商品化程度的提高

20世纪上半叶，在工业化的带动下，中国农村种植结构不断调整，经济作物面积扩大，粮食作物面积逐渐缩小，农产品商品率在不断提高；同期，农户收支货币化程度增加，而生活自给率呈下降趋势。

1. 农业种植结构的调整

农业商品化程度的提高首先表现为农民从种植用于自给的粮食作物逐渐向种植经济作物转变。表4-2反映了1904—1929年26年间的种植结构变化：种植经济作物的比例上升明显，而粮食作物除玉米产量大而不断上升外，基本处于下降趋势。

第四章
危机：财政赤字、通胀危机与土地革命

表 4-2　部分地区农作物种植面积的变化

作物	调查区数	1904—1909	1914—1919	1924—1929
稻	17	40%	41%	37%
小麦	29	26%	27%	27%
大麦	10	24%	23%	20%
高粱	14	26%	23%	20%
小米	15	22%	18%	17%
玉米	22	11%	14%	16%
黄豆	7	8%	9%	10%
油菜籽	5	15%	21%	27%
芝麻	7	4%	8%	10%
花生	18	9%	8%	11%
棉花	29	11%	14%	18%
蓝靛	12	10%	7%	2%
甘蔗	10	7%	6%	5%
鸦片	13	14%	3%	11%

资料来源：《中国近代农业史资料选辑》第二辑，第 215 页。

2. 农产品商品率提高

卜凯[①]的调查表明，1921—1925 年中国 17 处调查地的农产品总产量中自用与销售的比例达 47.4∶52.6；其中北部为 56.5∶43.5，而中东部特别是东部的苏浙一带，农产物中自给与销售之比为 37.2∶62.8，浙江镇海出售农产物的比例竟高达 83.8%。这些数据可能偏高，但仍然能够说明当时小农经济自给自足的传统特征已经

发生很大变化。

另有资料显示[②]，30年代全部农产品的商品率有所提高，唯独粮食例外。1931—1937年，全国的商品粮在粮食总产量中仅占18%。按照商品率高低排序如下：小麦29%，高粱25%，土豆24%，玉米19%，大麦18%，大米15%，小米10%；其他为18%。值得注意的是，农业发达而且商品化程度较高的南方，大米的商品粮比例也相当低。这与南方在人地关系更为紧张的条件下经济作物占地较多有关。

3. 农民生活自给率下降

在20世纪20年代，由于受"剪刀差"影响，农民生活资料中来自市场购买的比例，大大低于农产品销售的商品率。卜凯[③]20年代的调查表明，相对于农产品商品率的不断提高，农民在生活资料上基本上仍然处在半自给的状况中，自给部分占65.9%，购买部分占34.1%；其中北部自给部分为73.3%，中东部为58.1%，北方农村的自然经济特色远较南方浓厚。

但是进入30年代以后上述情况有很大改变。农民生活资料商品率10年间有了明显提高，而且南方更高于全国水平[④]。全国农民消费的生活资料中购买来的粮食达35%，洋布29.9%，洋袜43%，煤油54.2%，肥

第四章
危机：财政赤字、通胀危机与土地革命

皂34.1%，肥料26%，酒48.8%，香烟19.3%。而江浙农民从市场购买的各类生活用品的比率明显高于全国水平，如浙江为粮食53%，洋布51.9%，洋袜79.6%，煤油80.3%，肥皂81.5%，肥料52.4%，酒48.8%，香烟35.1%，可见南方沿海地区农村对市场的依赖程度更甚。

分群体来看，无论总计还是分类，从市场中购入生活资料的比重大体从地主到佃农依次递减，但佃农兼雇农购入的生活资料的比重明显偏高：其中，地主从市场购入总计达72.35%，佃农兼雇农达97%，雇农也达50.88%。贫富两极的情况截然不同，地主能够收取货币地租而且有支付能力；而佃农兼雇农则是由于从土地上获取的剩余太少，燃料、饮食无法满足最低需求。

4. 农户收支货币化程度较高

据卜凯[⑤]对全国七省17处各类农户农场支出情况的调查（表4-3），二三十年代，农户收支的货币化程度并不比现在低。平均起来，现金支出自耕农达43.9%，半自耕农为42.7%，佃农达39.4%。此外，在农民收入中，现金收入比例平均已超过非现金收入，而且，半自耕农收入的货币化程度高于自耕农，而佃农又高于半自耕农。

表 4-3　17处农家农产物自用和销售各占的比例

单位:%

地区及代码		自用	销售
北部平均 A		56.5	43.5
安徽	怀远 B	64.8*	43.2*
	宿县 C	59.7	40.3
河北	平乡 D	45.1	54.9
	盐山（1922）E	44.4	55.6
	盐山（1923）F	69.4	30.6
河南	新郑 G	62.4	37.6
	开封 H	67.2	32.8
山西	武乡 I	50.2	49.8
	五台 J	45.1	54.9
东部平均 K		37.2	62.8
安徽	来安（1921）L	45.1	54.9
	来安（1922）M	43.2	56.8
	芜湖 N	44.3	55.7
浙江	镇海 O	16.2	83.8
福建	连江 P	35.5	64.5
江苏	江宁（淳化镇）Q	26.3	73.7
	江宁（太平门）R	33.6	66.4
	武进 S	53.6	46.3
全国平均 T		47.4	52.6

注：* 数据引用原文

第四章
危机：财政赤字、通胀危机与土地革命

资料来源：①卜凯：《中国农家经济》，第275页。

②德·希·珀金斯：《中国农业的发展》，第205页。

③卜凯：《中国农家经济》，第525页。

④《农情报告》4卷8期，第198—206页（1936年8月）。具体反映了20世纪30年代农家购买粮食和其他生活资料的情况。

⑤同③。

其他资料参见温铁军：《旧中国金融资本对传统农业的剥削——农户信用与民间信贷课题分报告之一（内部报告）》，2000年。

其次，国家基于土地革命完成了对几乎全体农民的政治动员，才得以在财政收支与金融存取领域采取折实的政策。亦即，**占人口88%的农民在参加土地革命之中构建起了史无前例的、严密的农村组织体系，才是宏观上稳定城市通胀的主要工具。**

1949—1950年上半年政府集中精力应对恶性通胀的时候，虽然土地改革法还没有以国家的名义颁布，但东北、华北等解放区1947年以来相继都实施了土改。将土改与全面发动农民相结合，是中共在长期斗争中逐渐确定下来的一条基本原则，农民全面动员使得占农民人口绝大多数的中农以下群体摆脱了

对地主阶层的依赖，历史上第一次拥有了参与一个大国政治运动的主体感，农村政治运行的新规则开始构建。

但小农的政治主动性在何时、做何种具体表达，决定于国家战略实施中是否有动员农民的需要，对应的则是农村中哪部分的群体（富农、中农、贫农、佃农）被实际动员起来，**通过这样的"选择性动员"，新政权在历史上第一次实现了将泱泱大国的国家权力下沉到自然村**。[38]村社内部的土地、房屋、牲畜等财产，也由于革命力量介入重新分配而形成相对于个体化私权的"产权残缺"，从而，**就有了国家政权再次进入做财产关系调整的"制度缺口"**。

此后，在农村中贯彻国家意志，不论是建设以国营和合作社为名垄断性为主的农村购销体系，还是50年代的农民合作化运动，都较少受到在地利益集团的阻碍，这也是"革命红利"——国家高度政治化奠基于对各种利益群体的调控权力的完整构建。

就中华人民共和国成立初期的形势来说，**土改最重要的动员作用体现在一定程度上克服了从自给自足的、高度分散的小农手中征集余粮的交易成本**，使得国家以革命的名义从农村征购物资变得相对容易。

从事件进程看，新政权在完成集中粮食治理通胀这一步之后，又创造性地挖掘制度红利，把这些集中起来的粮食和物资，通过以工代赈、水利建设投入等方式，在农民中进行再分配，可谓神来之笔。这一方面提高了农业产出水平，为遏制通胀发挥长效作用；另一方面大量吸纳了灾荒发生时可能流出农村的剩余劳动力，极大地化解了危机代价随时可能演变成的社会动荡。

据此，关于**乡村是否能够继续承载城市危机代价，我们的观点是主要取决于农村财产关系公平性和农民的组织化程度**。有了这两者，用广大的农村地区做后盾来应对有限城市的通胀危机，就有了基本物质层面的重要保障。

三、土地财产重新分配和农村组织化建设降低征粮成本

据统计，土地改革结束时，占人口 52.2% 的贫雇农占有 47.1% 的耕地，平均每人 2.93 亩；占人口 39.9% 的中农占有 44.3% 的耕地，平均每人 3.67 亩；占人口 5.3% 的富农占有 6.4% 的耕地，平均每人 3.8 亩；占人口 2.6% 的地主占有 2.2% 的耕地，平均每人 2.52 亩。[39]虽然一些研究显示，土改之前土地的不平等程度没有人们原来想象的那么高，[40]但土改之后土地占有的公平性的确提高了。

如表4-4所示,第二次世界大战之后全世界只有东亚是整个区域内都进行了比较彻底的土改,东亚主要国家再分配土地面积的占比,最低48%,最高90%;受益群体占比都在60%以上,中国最高达到80%。

表4-4 政府主导的改革对耕地的再分配及其受益群体

国家和地区	再分配的耕地面积（公顷）	占全部耕地比重（%）	受益群体数量（户）	受益者占全部农户比重（%）
西孟加拉邦	1 040 000	14.9	2 540 000	34.0
印度全国	9 850 000	5.4	12 400 000	5.3
菲律宾	5 900 000	47.0	3 000 000	40.0
越南	11 000 000	90.0	—	75.0
中国（除港澳台地区）	64 000 000	50.0	210 000 000	80.0
中国台湾	278 307	48.0	432 000	62.5
日本	2 000 000	80.0	4 300 000	60.9
韩国	577 000	65.0	1 646 000	76.0
智利	9 517 000	60.1	58 000	12.7
巴西	13 100 000	11.3	266 000	5.4
墨西哥	13 375 000	42.9	3 044 000	67.5
玻利维亚	9 792 000	32.3	237 000	47.5

第四章
危机：财政赤字、通胀危机与土地革命

(续表)

国家和地区	再分配的耕地面积（公顷）	占全部耕地比重（%）	受益群体数量（户）	受益者占全部农户比重（%）
秘鲁	8 599 000	28.1	375 000	30.8
尼加拉瓜	3 186 000	47.1	172 000	56.7
萨尔瓦多	401 000	20.0	—	12.0
古巴	—	80.0	—	75.0
委内瑞拉	—	19.3	—	24.4
哥斯达黎加	—	7.1	—	18.5
埃及	390 000	15.4	438 000	10.0
津巴布韦	2 371 000	11.9	40 000	3.1
埃塞俄比亚	—	68.0	—	60.0

资料来源：Deininger (undated), Deininger 2003, Borras & McKinley 2006, Belsey Burgess 1998, Hanstad et al. 2008, Hanstad & Brown 2001, Bardhan Mookherjee 2006, Rashid 2000, Kawagoe 2000, Medaille 2005, Keliang & Prosterman 2006, Ping Li 2003, Deininger & Jin 2007, Do & Iyer 2007, STAR Kampuchea 2007, Reyes 2005, Lianto & Ballesteros 2003, Bush 2005, de Janvry et al. 1998, de Janvry & Sadoulet 2002, Deere & de Medeiros 2005, Hertzler 2007, Kay & Urioste 2005, Mersha & Githinji 2005, Mashima 2008, Alden Wily 2001. · Excludes redistribution through market-led reform.

综合来看，土改造成了一定的规模收益损失，是为制度成本；但制度收益则是国家获得了对一半以上农村人口的政治动员能力，这是微观经济学很少讨论的。

从农村对国家财政的支援力度来看，解放区"均田"但并不"免赋"，农民在完成土改之后仍然承担着20%左右的较重负担水平。在抗日战争中，各解放区农民的公粮负担一般约为人均32斤米，有的地区还要低些，为人均18—19斤。1948年，人均负担公粮为40斤米左右，1949年则为56斤多，占当年农业总产量的18.2%。抗日战争时期，农民负担除公粮外，只有一些村款，并无其他附加。1949年，各省、县都有附加，几经统一削减，仍有省附加5%—15%。这样，农民总负担平均已到58—64斤细粮，占1949年农业总产量的20.6%—22.7%；此外还有盐税、关税、战勤负担以及货币贬值给人民造成的无形损失。

1949年之后导致农民负担过重的原因主要是政府的财政压力。一是到1949年11月，全国由财政供应的脱离生产的人员已突破900万，并且战争仍在进行，财政支出有增无减。[41]二是1950年10月中国开展抗美援朝的需要，加剧了经济困难的程度。

由于此时工商业刚刚恢复，收入尚少，因此，从国家全局考虑，新政府不得不让农民继续多承担。

按两种口径分别计算的农民负担情况如表4-5和表4-6所示。

第四章
危机:财政赤字、通胀危机与土地革命

表4-5 1950—1952年农业税及其他农村税收负担情况

单位:万元

年份	农副业净产值	农民负担				
		农业税(正税、附加)	其他农村税收	小计	农业税占农副业净产值%	农业税及其他农村税收占农副业净产值%
1950	2 431 212	229 277	56 093	285 370	9.43	11.74
1951	2 660 171	307 312	95 728	403 040	11.55	15.15
1952	3 227 600	329 853	47 819	377 672	10.22	11.70
合计	8 318 983	866 442	199 640	1 066 082	10.42	12.82

注:1. 农副业净产值是按国家统计局计算的农副业总值扣掉农产品初步加工和自给性手工业产值后的数字计算的,扣除物质消耗的比例均为21.32%。

2. 其他农村税收包括牧业税、农村工商税、契税、土地证照费和农村摊派。农村摊派是根据典型调查资料估算的,可能不够准确。

资料来源:引自李成瑞:《中华人民共和国农业税史稿》,中国财政经济出版社1962年版,第153页。

表4-6 1949—1952年全国农业税负担统计

项目	1949年	1950年	1951年	1952年
农业人口(万人)	44 726	46 059	47 626	49 191
耕地面积(万亩)	146 822	150 534	155 507	161 878
农业实产量(细粮,亿斤)	1 847.1	2 195.4	2 493.2	2 924.2
计税产量(细粮,亿斤)	1 809.6	1 860.0	2 090.4	2 374.2
占农业实产量的%	97.97	84.72	83.84	81.19
实征税额(细粮,万斤)	248.8	269.7	361.5	357.8

(续表)

项目	1949年	1950年	1951年	1952年
占计税产量的%	13.8	14.5	17.3	15.1
占农业实产量的%	13.5	12.3	14.5	12.2
每人平均（市斤）	56	59	76	73
每亩平均（市斤）	17	18	23	22

注：1. 计税产量即常年产量。
2. 实征税额包括农业税正税和地方附加。
资料来源：《中国农民负担史》编辑委员会编著：《中国农民负担史》，中国财政经济出版社1994年12月第1版，第119页。

尽管1950年召开的中国共产党七届三中全会提出了调整税收、酌量减轻人民负担的政策，但因抗美援朝战争爆发，这一政策未能完全实现。总的来说，从解放区一直到国民经济恢复期结束，由于财政经济上的需要，农民负担总体上是比较重的。

历史地看，**税负水平在"什一税"以下时农民能比较容易地承受，20%则显然属于高税负**；如果不是行之有效的土地革命战争中的广泛动员在新政权之下继续实行并且意识形态化，则新中国的农民也不可能平和地承受如此沉重的负担。

对此可以进行比较的案例还有很多。

例如：较晚解放的西南地区尽管在总量上征粮不多，为4亿斤，但由于既未土改又没有基层组织建设，却相比以往增加了征粮任务，致使大量无粮户沦为流寇抢粮或阻挠征粮——这

第四章
危机：财政赤字、通胀危机与土地革命

也是中华人民共和国成立后西南匪患严重的一个客观原因。同属于新解放区的华东地区和中南地区也同样出现了因"征粮"引发的"匪乱"。[42]如1950年的头两个月，匪患基本平息的湖南、江西、河南、湖北等地，随着饥荒的出现，"匪乱"重新活跃起来，较普遍地进行暴动抢粮、反对征粮及破坏仓库等活动。据不完全统计，1950年1月至3月，中南地区"匪特"袭击地方政府和抢劫粮仓达150多次。这些"匪乱"在性质上已不似刚解放时的军事"匪乱"，而是有大量的普通群众参与，口号则是"反征粮""开仓济贫""想吃饭找仓库"。1950年3月，中南局在给广西省委的电报中，明确指出："广西匪情严重与农民缺粮、缺种有直接关系，不适当解决农民最急切的粮食问题，要剿灭广西匪患是不可能的。"[43]（见专栏15）

从数字看，从西南调粮的任务，即使按1∶1加上运粮成本，也远远低于向外输粮的"大户"华中和东北地区，比如1950年年初中财委提出的解决1949年受灾地区粮食短缺问题的办法中，计划从华中、东北调粮20多亿斤，每个地区负担10亿斤上下，调粮规模远高于从西南调公粮4亿斤的任务[44]，但由于较早解放的东北地区已经完成了土改，并且迅速发展了公营商业和合作社，具备了雄厚的组织实物商品运销的能力，而为保障市场供求平稳、平抑物价做出了重要贡献。（见专栏16）

专栏15 建国初期西南地区的征粮与匪患

"由于解放战争进展很快,大军南下进入新解放区后,那里的民主政权尚未建立或刚刚建立,工作基础差,农村土地改革未来得及进行,公粮制度一时尚不能实行。为保证部队粮草供给,除以战争中缴获的粮食及国民党地方政府的囤粮拨充军队外,中共中央采取了就地征借的办法,于1949年3月21日发布了《关于新民筹粮的规定》。征借的主要对象是地主、富农,其次是中农,以粮食总收入作为征借标准:地主征借40%—50%,富农征借25%—35%,佃富农征借20%,中农征借10%—15%,贫农不借或少借,马草按一定比例随粮附加,利用旧有的保甲长来实施并予以监督。解放稍早一些的地区虽然都征收了公粮,但许多地方未来得及建立正规的农业税制度,没有颁布统一征收条例,各地在征收中无统一的遵循原则,以致各种不同的征收办法达30多种,局部地区发生负担面过窄、累进率过高及严重的畸轻畸重现象。"①

从1949年11月17日到1950年3月25日,中南区发生29起抢粮事件。西南区也因"川省股匪扰乱、封锁,征粮面不大",各大城市均感缺粮。②据统计,1950

第四章
危机：财政赤字、通胀危机与土地革命

年损失公粮 14.6 亿斤，其中被匪特抢劫焚烧的就有 6 500 多万斤，在征粮中还牺牲了 3 000 多名干部。③

资料来源：①吴承明，董志凯主编：《中华人民共和国经济史（1949—1952）》，中国财政经济出版社 2001 年 12 月第 1 版，第 327—328 页。

②《1949—1952 中华人民共和国经济档案资料选编·综合卷》，中国物资出版社 1996 年版，第 340 页；转引自吴承明，董志凯主编：《中华人民共和国经济史（1949—1952）》，中国财政经济出版社 2001 年 12 月第 1 版，第 308 页。

③《1949—1952 中华人民共和国经济档案资料选编·商业卷》，中国物资出版社 1996 年版，第 18 页；转引自吴承明，董志凯主编：《中华人民共和国经济史（1949—1952）》，中国财政经济出版社 2001 年 12 月第 1 版，第 308 页。

专栏 16　东北地区公营商业的发展

根据资料，在东北解放区，1947 年以前，仅北满、西满根据地（现黑龙江省）的公营商业规模较大。1946 年 4 月底，哈尔滨市开始创办公营商业，以收购粮食、

销售布匹和食盐为中心开展贸易。同年,哈尔滨成立了北满贸易公司和东兴公司,各省(当时东北根据地划分为松江、黑龙江、嫩江、合江、牡丹江5省和哈尔滨特别市)也都成立了贸易公司。1947年8月,东北贸易总管理局在哈尔滨成立,开始统一经营。1948年8月成立的哈尔滨百货公司是根据地历史上第一个大规模的商店。到1948年,**东北解放区政府已在80%以上的城镇设立了公营商店。**

资料来源:吴承明,董志凯主编:《中华人民共和国经济史(1949—1952)》,中国财政经济出版社2001年12月第1版,第100页。

代国家收购物资是农村合作社在建国初期的重要职能,这就凸显了合作社能有效替国家节约从小农手中集中物资的交易成本的制度收益(见表4-7)。资料表明,土改较早、解放较早的地区,合作社也发展得比较好。这也是在土改基础上形成的一种制度收益。

第四章
危机：财政赤字、通胀危机与土地革命

表 4-7 全国供销合作社农副产品代购占国家收购的比重

年份	收购情况	粮食	皮棉	麻袋用麻	烤烟
1951	代国家收购数（万斤）	559 854	70 292	13 695	6 918
	占合作社收购（%）	71.7	84.8	65.2	79.6
	占国家收购（%）	31.0	45.8	43.7	52.9
1952	代国家收购数（万斤）	1 502 100	158 982	32 075	18 408
	占合作社收购（%）	82.0	95.0	80.8	88.9
	占国家收购（%）	49.7	79.9	72.6	51.8

资料来源：《1949—1952 中华人民共和国经济档案资料选编·工商体制卷》，中国社会科学出版社 1993 年版，第 422 页；转引自吴承明，董志凯主编：《中华人民共和国经济史（1949—1952）》，社会科学文献出版社 2010 年 1 月第 1 版，第 189 页。

综上来看，中央政府为平定主要城市的通胀危机而在各地征粮，使得处于城市的国家政权获得社会稳定的制度收益，但是，**未来得及构建组织载体的广大农村地区甚至因此形成了社会不稳定的制度成本**。而东北与西南的对比则表明：农村是否进行了财产公平分配和基层组织建设，对其承担制度成本的能力具有重要影响。

此外，**通过广泛发动乡村底层群众的土改运动，中国共产党还彻底地完成了一件历朝历代都难以完成的任务——清查土地。**

土地是历代征收赋税的主要依据，但土地实际数量却一直很难为执政者掌握。丈量土地是历代想要遏制大户兼并、豪族占田的政治家、改革者都绕不过去的一道难题，通常，只有开国之君才有条件依据比较透明的土地信息推行"均田免赋"；与此相比，按人计征的"人头税"计税难度更低，更具有操作性。明代万历皇帝的元辅张居正一心想整理全国赋税，曾于1580年年终以万历的名义实施全国耕地丈量，清查全国土地亩数，到1582年张居正去世时，量后统计还未开始；甚至很多县份几个世纪都没有做过系统的丈量。[45]

新中国则通过全民动员的土地改革在这方面获得了远超过预期的回报。从统计数据看，建国初期农业税占实产量的比例，1950年比1949年有所下降；1951年上升，1952年有较大幅度的下降；1951年的全国农业税实征数额（包括正税和地方附加）超过360亿斤，比1950年增加了34%。个中原因，除了主要由于抗美援朝国家追加税收预算以外，还由于**在查田定产中，1951年查出了6 000多万亩"黑田"，使计税产量增加200亿斤以上，**[46]遂使1951年全国农业税的实征数额超过了原定征收预算几十亿斤。

第四章
危机：财政赤字、通胀危机与土地革命

四、有组织地投入劳动力进行水利建设

在粮食增产方面，农田水利建设的贡献显著；这同样与土改期间农民的组织化和动员程度提高密切相关。

中华人民共和国成立之初，在物质条件有限的情况下，能够在最短期内直接见到农业增产成效的做法就是动员人的力量，低成本地获取"劳动力租"。在国民经济恢复时期，除了交通通信设施以外，基本建设投资的第二个重点就是水利。具体投资额和所取得的成就如表4-8所示。

表4-8　1949—1952年农田水利基本建设成就

年份	基本建设投资完成额（万元）	建成大型水闸（座）	扩大灌溉面积（万亩）	万亩以上灌渠（处）
1950年	9 206	—	1 204	1 254
1951年	19 508	—	2 796	1 279
1952年	32 799	3	4 017	1 346

资料来源：《1949—1952中华人民共和国经济档案资料选编·基本建设投资与建筑业卷》，中国城市经济社会出版社1989年版，第942页。

1949—1952年，全国农林水利投资总额为10.3亿元，占基本建设投资总额的13.14%，其中大部分用于兴修水利工程。

其中，华东区3年中农田水利建设投资占25.8%，其98%用于兴修水利，实施了巨大的治理淮河流域的工程。中南区3年中水利投资占基本建设投资的35.48%，进行了宏大的荆江分洪工程。[47]

1950年农田水利事业投资贷款共约5亿斤米，使用贷款的工程受益田亩共约2 100万亩。国家共组织人民解放军32万人积极参加水利建设。(见专栏17)

专栏17　中国水利建设中的劳动力动员
——以几个大型水利工程为例

1950年治理淮河时，国家同时动员了22万民工上堤兴建，是中国历史上少见的巨大规模的水利建设。在1951年洪水到来之前，初步控制了淮河的洪水，除部分地区遭遇山洪或内涝灾害外，大多数河流安度汛期，淮河流域获得空前丰收。与1950年相比，水灾面积减少了65%，灌溉面积增加了21%。

1951年10月，位于东西永定河上游的官厅水库开始动工，4万多工人和农民参加了工程建设。官厅水库工程于1953年洪水到来之前基本完成，大坝刚建成就

第四章
危机：财政赤字、通胀危机与土地革命

挡住了有水文记载以后的第二次特大洪水。

1952年的荆江分洪工程，一方面加强长江左岸114公里的荆江大堤，另一方面确定长江右岸虎渡河以东、荆江右堤以西、安乡河以北共921平方公里的低洼地区为分洪区，修建长达1054米的进水闸和约336米的节制闸，操纵和控制水流。在1952年4月5日至6月20日的两个半月的时间中，这项工程动员了包括部队、民工和工程人员的30万劳动大军，及时供给近百万吨的机械、材料，工程投资近500万元，移民投资1050万元，按计划建筑了一座54孔、长达1054米的进洪水闸和一座32孔、长达336.8米的节制水闸，同时完成了可蓄洪50亿—60亿立方米的分洪区围堤工程和长达133公里的荆江大堤加固工程，为荆江两岸800万人民生命财产的安全、数百万良田的丰收以及长江水利和全国交通发挥了有利作用。由于在如此短暂的时间中完成了如此巨大的工程量，这项工程曾被一些国际友人称为当年的"世界奇迹"。

资料来源：吴承明，董志凯主编：《中华人民共和国经济史（1949—1952）》，中国财政经济出版社2001年12月第1版，第479—483页。

在 1950—1952 年的 3 年中，全国 4.2 万公里的江河堤防的绝大部分进行了整修和加固，对沂河、沭河、永定河、大清河、潮白河等河流也开始了根本性治理。3 年来，**直接参加水利建设工程的人民有 2 000 万人左右，完成的土方据不完全统计在 17 亿立方米以上，相当于挖掘 10 条巴拿马运河或 23 条苏伊士运河**。全国各地施工的计划受益万亩以上的大型水利工程达 107 项，群众性的农田水利建设达 208 万处，共可扩大灌溉面积 3 240 余万亩，当年受益 2 400 余万亩。

全国水灾面积逐年迅速缩小：1949 年水灾面积在 1 亿亩以上，1950 年为 6 000 万亩左右，1951 年为 2 100 万亩左右，1952 年为 1 600 余万亩。同时，3 年中全国共扩大灌溉面积 4 950 余万亩。据当时粗略估计，由于兴修水利，防止水灾和增加灌溉面积而增产的粮食当以数百万吨计。[48]

水利建设**因此成为土改动员基础上的又一次农村劳动力广泛动员**。（见专栏 18）

专栏 18　中国大规模使用劳动力进行基本建设的最初经验

研究团队曾经指出，以成规模劳动投入来替代极度稀缺的资本，是中国能够跳出"发展陷阱"的核心经验之一。[①]

第四章
危机：财政赤字、通胀危机与土地革命

最初的做法是将部队成建制地拉到工地上，因地制宜地开展各种建设。这正是孙中山提出但没来得及实现的设想之一。对此进行小范围试验的是卢作孚。20世纪二三十年代，卢作孚担任嘉陵江峡防团练局局长时，曾率领军士淘滩、筑路。解放战争中，共产党曾动员解放区民众修铁轨。中华人民共和国成立前夕，铁路恢复任务相当繁重，为了早日开展新线建设，彭德怀提议以兵工先筑天兰路的土方、山洞；中财委也提议以西北、西南、华中的剩余兵力，有计划地修筑某些路基、山洞。

将这一经验大范围推广普及是在中华人民共和国成立之后。1949年12月正在莫斯科出访的毛泽东特别致电陈云、薄一波指示："用军队修筑天兰、天成、成渝、叙昆、滇黔、黔桂、湘桂诸线甚为必要，望即着手布置进行。"从1950年开始，国家在财政十分困难的情况下，尽量投资修建新的铁路。在资金少、任务重的情况下，兵工在中华人民共和国成立初期铁路的恢复和兴建的过程中，起到了难以替代的重要作用。1950年施工的为宝天、天兰、天成、成渝4线，共需施工人员286 546人，需款997 475 095斤小米。其中炸药费27 725 000斤小米，大部分由部队在缴获的炸药内拨用；工费原总计379 147 426斤小米，由中央核定补给时核减甚多。据统

计,由于兵工参与修路,整个施工费用节省近1/2。②

　　劳动力动员的做法还用于其他领域,比如救灾中的"以工代赈",既实现了政府的用工目标,又有效**防止了灾民流落和向城市聚集**。1950年用于救济灾民的粮食共计153 200余万斤,其中,水利工赈粮和灾民运输的运价粮有54 564万斤,③约占救济总粮的37%。据不完全统计,全国1950年以工代赈123 854人,1951年为59 639人,1952年9月底为85 128人。④

　　资料来源:①董筱丹,杨帅,薛翠,温铁军:《中国特色之工业化与中国经验》,《中国人民大学学报》2011年第1期。

　　②《1949—1952中华人民共和国经济档案资料选编·交通通讯卷》,中国物资出版社1996年版,第169—170页;转引自吴承明,董志凯主编:《中华人民共和国经济史（1949—1952）》,中国财政经济出版社2001年12月第1版,第450—451页。

　　③金冲及,陈群主编:《陈云传（上）》,中央文献出版社2005年版,第672页。

　　④吴承明,董志凯主编:《中华人民共和国经济史（1949—1952）》,中国财政经济出版社2001年12月第1版,第873页。

第四章
危机：财政赤字、通胀危机与土地革命

中国农村经济历史上就是多元化的，农户经济也是兼业化的。**土改之后，农村副业生产得到发展，不仅是大灾年景有效利用农村剩余劳动力的领域之一，而且体现了农村具有化解灾害和危机的海绵社会特征。**这些副业产品还在吸纳人民币、促进货币沉淀在乡方面有力地发挥了作用。

为了减轻 1949 年大面积自然灾害的影响，政府对恢复和发展农村副业和手工业实行了一系列扶持政策和措施，引导各地开展了很多因地制宜、增加生产的办法，如组织捕捞、手工编席等，并有组织地向外销售。1949 年 12 月 29 日，政务院下发《关于生产救灾的指示》，把"因地制宜，恢复和发展副业和手工业""开展运销事业"作为生产救灾的重要措施；为解决农村副业、手工业生产资金不足的困难，1949 年冬和 1950 年春拨出救济粮 7.66 亿公斤，其中相当一部分用于扶持农民发展副业和手工业。1949—1952 年，农村副业产值从 1949 年的 11.6 亿元增加到 1952 年的 18.3 亿元，增长 57.8%，平均每年递增 16.4%，[49] 略高于同期农业总产值的平均增长速度。(见专栏 19)

专栏19　1949—1952年各地"以工代赈"的实践

为解决从产粮区到车站、码头、运输线的粮食运送困难问题，各地积极动员群众，并采取以工代赈的办法，使农民通过送粮得到部分口粮及种子。

如水灾严重的湖南常德地区，在组织农民运粮中，使8.8万余名农民得到劳务收入，生产生活有了保障。[①]

中南区在组织运粮的过程中，从财政支付的运费约合粮食2.5亿斤，从贸易厅拨付的运费约合粮食2亿斤。这些运费粮合计可解决1 000万群众一个月的生活消费。

赈灾副业生产在各地获得了很好的成绩。如河北文安、武清等县发动9万农民捕鱼、编席，每月有60万斤小米的收入；组织6万余人编柳筐、织麻袋、开粉坊等，所得的收入可以维持20万人的生活。安徽省安庆地区组织10万灾民生产自救，从事打柴、捕鱼、挑担运输，使50万人生活有了着落。[②]山东滨海区的30万灾民、苏北淮阴区的45万灾民靠副业生产度过春荒。[③]中南区的鄱阳湖地区积极组织灾民从事副业生产和运销活动，使50万人得以谋生。[④]实践表明，**凡是组织得力的地方，自我救灾的效果都很好。**

第四章
危机：财政赤字、通胀危机与土地革命

资料来源：①新华社：《全国调粮任务接近全部完成》，载《1942—1959中华人民共和国经济档案资料选编·商业卷》，中国物资出版社1995年版，第126页；转引自吴承明，董志凯主编：《中华人民共和国经济史（1949—1952）》，中国财政经济出版社2001年12月第1版，第319页。

②《1949—1952中华人民共和国经济档案资料选编·农业卷》，社会科学文献出版社1991年版，第54页。

③孙恩诚：《与空前严重的灾荒奋斗中的华东人民》，载《1949—1952中华人民共和国经济档案资料选编·农业卷》，社会科学文献出版社1991年，第77页；转引自吴承明，董志凯主编：《中华人民共和国经济史（1949—1952）》，中国财政经济出版社2001年12月第1版，第319页。

④《1949—1952中华人民共和国经济档案资料选编·农业卷》，社会科学文献出版社1991年版，第54页；转引自吴承明，董志凯主编：《中华人民共和国经济史（1949—1952）》，中国财政经济出版社2001年12月第1版，第319页。

其余资料参见吴承明，董志凯主编：《中华人民共和国经济史（1949—1952）》，中国财政经济出版社2001年12月第1版，第310页；转引自《1949—1952中华人民共和国经济档案资料选编·商业卷》，中国物资出版社1995年版，第126—127页。

五、货币下乡并沉淀，
农村成为增发货币的吸纳场

新政权大规模集中农村农副产品打击城市通胀，其实是一石二鸟：一方面有效遏制了城市的投机和通胀；另一方面促进了人民币下乡，有效降低了货币集中在城市的压力。

据调查，1950年3月以前，在新解放区农民还很少使用人民币，老解放区农村的流通量也很有限，人民币即使到了农村也很快回流城市。但随着城乡物资交流的展开以及农产品收购价的提高，货币向农村的投放量增加，同时**货币在农村的沉淀比例增加**。比如，东北合作社1949年采购与推销总值91 900余亿元东北币，占国家在东北贸易额的40%，相当于东北人民需要量的14%；1950年第一季度东北合作社的购销总值是97 700亿元（1元人民币约合9.5元东北币）。中南区从1950年4月至5月12日在全区各省收购棉花、菜油、桐油、麻油，约有550亿元人民币流入农村。华东贸易部门1950年4月至6月在收购茶、蚕时，即投下人民币5 000亿元左右。[50]中南区1950年全区土产输出总值达1.8亿美元。[51]另据统计，1950年农副产品采购额为80万亿元，1952年增加到129.73万亿元，货币投放量增长了62.16%。[52]

第四章
危机：财政赤字、通胀危机与土地革命

小农经济对工业品需求的收入弹性和价格弹性都极低，使下乡货币相当一部分沉淀为"在乡货币"。1951 年提高农副产品收购价格使农民收入增加了 19.5 万亿元，但只有 47%（9.2 万亿元）转化为工业品需求的增量；1952 年农副产品收购总额增加了 27.7 万亿元，转化为工业品需求增量的仍然只有 9.7 万亿元，收入弹性下降到 34.3%。[53]

农民持有大量现金，主要还是在传统农村经济部门内部流通。中华人民共和国成立初期，为了迅速恢复农村经济，在各大区制定并经中央批准的发展农村经济政策中，都允许土地买卖和出租自由、借贷自由、雇工自由和贸易自由。这些经济行为的发生**需要大量货币**。比如，当时中共山西省忻县地委对 143 个村的 42 215 户进行调查，发现已有 19.5% 的户出卖了土地，共卖出土地 39 912 亩。[54]据对湘鄂赣 3 省 10 个乡的调查统计，1953 年 3 省有 65 户卖出土地 103.13 亩，81 户买入土地 126.83 亩；而 1952 年仅有 10 户卖出土地 17.02 亩，9 户卖出土地 14.52 亩。土地租佃方面，1953 年出租土地比 1952 年增加 3.07%，出租户数增加 19.13%。[55]另据当时对全国 21 个省 14 334 万户农家的调查，从土改结束到 1953 年年底，我国农村贫雇农由占总农户的 57.1% 下降为 29%，中农由 35.8% 上升为 62.2%，富农则由 3.6% 下降为 2.1%。[56]显然这些过程都要伴随着大量的货币周转，客观上使得一定比例的货币滞留在

乡村。

到1952年年底，据人民银行总行估算，农民由于储蓄防灾、购置牲口和买进土地等习惯，持有的人民币已达11万亿元，约占当时人民币流通总量的40.4%。[57]

可见，农村像海绵一样吸纳了大量货币，也像减压阀一样有效降低了全社会的通胀压力。农村货币"蓄水池"极大减缓了货币的流通速度，从而使社会有效货币供应量极大缩小，这也是全国物价走向稳定的重要因素。

以上，都是**国家利用城乡二元结构，通过农业政策和农业投资发挥农村"软着陆"载体作用，利用内部力量走出城市危机的具体机制。**

本书认为：中国在新民主主义革命中诞生的新政权得以成功扭转危机，主要归因于三个来自农村的基本条件：

其一，安土重迁的历史传统。人民币能够相对顺畅下乡，而在城市则只能"浮在上面"，二者形成了鲜明的对比。理论界公认，纸币要有"重锚"才能维持币值稳定，但某种程度上这只是西方商业社会在放弃直接使用金银作为货币后才形成的经验，而中国早在宋代就已经发行了纸币"交子"，明代发行纸币"大明宝钞"，二者虽然与实物也有一定的对应关系，但民众并没有强烈的兑换要求，因为大一统的国家政权提供了强大的信用保障。农村接受信用货币一个重要的基础社会环境

第四章
危机：财政赤字、通胀危机与土地革命

是大国小农安土重迁，追求"在地化"的人口再生产与社会再生产，因此，东方农耕社会中市场交易所使用的价值符号不必像商业社会为主的西方那样，必须采用贵金属等国际通用的货币手段作为交易媒介，西方国家直到20世纪30年代才在大危机条件下放弃金本位；东方中国的信用货币不仅可以是国家赋信的纸币体系，也可以是地方化的甚至社区化的（如后来的工分制）。因此，人民币可以伴随工业品顺畅下乡。农村老百姓一手卖粮食得到人民币，另一手能拿着人民币买来工业品，就表明这张纸币是有信用的，老百姓就能接受。而工商业资本集聚并带动人口集聚所形成的城市，在东西方都是高度同质的，所以城市对于既没有商业信用也没有强大政治信用的人民币并不接受。

可见，中国长期是大一统国家政权，与欧洲长期邦国林立、分裂割据不同，二者形成货币制度的基础条件有天壤之别，中国具有依托政权信用"做多"的比较制度优势，这一优势是中华民族在几千年大一统治理中形成的；中华人民共和国成立初期的经验表明，在近代民族国家竞争中可以通过强化这一优势来建立主权货币体系，成为加强本国政治主权的有力工具。

其二，政府抑制通胀和投机，主要靠**大规模投放以农产品及农业加工品为主的民生物资，而这些物资是1946年开始的**

第三次土地革命战争实现"耕者有其田"这种农民千年诉求之后,[58]**由面广量大的小农经济以不计成本的劳动力投入所生产出来的。**

在农村,货币发行和实物物资直接对应,实质也是用农民的劳动所得来吸纳货币,因为农副产品当然是农民劳动和一定资源环境相结合的结晶。新政权通过国营商业机构或合作社采购农副产品,依据采购数量多少投放货币,并且抑制私商加价,体现出"劳动吸纳货币"的币制内涵,即依据劳动产品的多少来进行相应的货币投放。这一"劳动吸纳货币"机制,使得广大民众的劳动成为"实物锚"背后的"劳动锚",中国12年来第一次彻底结束了通胀肆虐的局面。当数以千亿、万亿的缺乏实物对应的空头货币被几亿劳动者的劳动投入所均等分摊,新发行的货币不再集中涌入实物投机领域,就从制度上改变了社会投机追求保值的土壤,同时摆脱了外汇本位币制下货币发行对于外汇储备的依赖,使货币发行改由本国内部劳动投入和产出等因素内生性决定。货币劳动化、金融米棉化,是人民币持续维护独立主权货币地位的重要制度内涵。

"劳动吸纳货币"也使人民币成为本质上区别于西方国家财富本位的货币体系。现代货币问世以来,即以贵金属保有量或者财富保有量作为发行依据,这其实是"财富吸纳货币",进而演化为"资本雇佣劳动"、异化为"投机吸纳货币",并

第四章
危机：财政赤字、通胀危机与土地革命

在21世纪金融资本全球化下呈现出普遍性的"金融资本异化于产业资本"。从这个角度，"人民币"名副其实是"人民的币"，是用货币来表达、传递广大人民群众劳动价值的制度体系，是对土改动员农村、保障小农土地财产权益，从而维持"去依附"货币主权和政治主权的深化和延续。

其三，只是在暴力革命形成的强权政治充分发动和依靠农民的条件下，此类在农村由分散小农生产出来的物资才能被官方商业机构成规模地集中起来。[59]

很多发展中国家一旦跌入类似的"发展陷阱"就难以自拔。但是，土改后的乡土中国可以为国家战略性目标做出重大牺牲：政府以"土地革命战争"的名义给4亿多农民以自然村为产权边界来政治性地均分土地，一方面**在客观上使中国的"三农"（农民、农村和农业）对高风险城市经济"去依附"**，进而为全国金融秩序恢复稳定提供了坚实的基础，以至于毛泽东在城市的金融斗争中**反复强调土改的政治性和经济性功能，反复强调胜利的保障在于土改**；[60]但另一方面，也由此形成了严重的制度"路径依赖"：一是对农村传统土地基本制度的路径依赖——**此后任何政治性分配土地，其产权边界也都在自然村**（后来大部分改为生产队、经济社），二是城市资本对"三农"转嫁制度成本的路径依赖——**此后历次经济软着陆，大都以"三农"作为软着陆的载体。**

其实，推行土改时，执政党号召愿意回乡土改分地的人都回归乡里，使城镇人口只占全国人口总量的 10.64%，就意味着大幅度缩小了风险敞口；"九个农村人给一个城里人搞饭吃"[61]，也意味着城市风险是总体可控的。国际比较来看，相当多发展中国家（尤其是拉美）的城市化率 80% 以上，城乡人口比例和中国相比几乎倒置，在长期高通胀面前几乎束手无策。

由此可以认为，土改重塑了国家和乡土小农的关系，改变了传统农业社会"山高皇帝远""皇权不下县"的状况，在历史上第一次实现了国家政权下沉到每个自然村[62]，在国家政权与农民财产之间建立了互相依靠、互相支持的结构性关联，并通过继续革命的意识形态动员不断予以强化：农民分到的土地财产需要国家来保障，国家政权稳定需要农民提供物资支持。一旦这种结构性关联确立，则本来因财政赤字被动增发货币，从而陷入财政和金融双重危机的执政党就相当于拥有了"三农"这个广阔的战略纵深，不仅农村的自然资源可以直接用纸币来购买，农民投入劳动所形成的农副产品等劳动剩余也可以直接用纸币购买，既吸纳了增发货币，又充实了国家资本，成为进一步盘活其他国家资本的基础。像这样用土改形成的国家政治动员能力和政权信用，来撬动农村实质性要素投入形成农业增产，从而"用宏观意义上的要素替代"[63]实现了萨米

第四章
危机：财政赤字、通胀危机与土地革命

尔·阿明所强调的"去依附"的发展。这个实践经验对于普遍深陷于资本稀缺而找不到替代机制的发展中国家具有重大的启示意义，是对发展经济学理论的重大创新。

同时，也不难看出，在财政极为紧张的情况下，无论是通过土改进行基层有效动员，还是进行基本农田水利设施建设，或是在赈灾中动员富余劳动力开展副业生产，这些政策发挥作用的关键，都是有效动员中国最丰富的劳动力资源。

国家之所以能够从劳动力动员中获益，主要是因为：这些**响应国家号召、从事国家基本建设的劳动力，是参照城乡二元结构下农村的劳动力再生产成本进行定价的，显著低于城市雇佣劳动力的成本；**因此，中国成为发展中国家中几乎唯一的可以长期大规模、低成本使用劳动力的国家。

注释

1. 吴承明，董志凯主编：《中华人民共和国经济史（1949—1952）》，中国财政经济出版社2001年12月第1版，第942—945页；转引自国家统计局：《中国统计年鉴（1984）》，中国统计出版社1984年版，第23—25页。

2. 章有义：《明清及现代农业史论集》，中国农业出版社1997年版，第35—37页。

3. 周太和：《陈云与新中国基本建设》，《党的文献》2005年第3期。

4. 沈志华：《新中国建立初期苏联对华经济援助的基本情况——来自中国和俄国的档案材料（上）》，《俄罗斯研究》2001年第1期。

5. 贺水金：《试论建国初期的通货膨胀及其成功治理》，《史林》2008年第4期。

6. 国家统计局：《中国农村统计年鉴（1989）》，中国统计出版社1989年版；国家统计局：《建国三十年全国农业统计资料（1949—1979）》，中国统计出版社1980年版。

7. 金冲及，陈群主编：《陈云传（上）》，中央文献出版社2005年版，第669页。

8. 曾培炎主编：《中国投资建设五十年》，中国计划出版

第四章
危机:财政赤字、通胀危机与土地革命

社 1999 年版,第 1 页;转引自吴承明,董志凯主编:《中华人民共和国经济史(1949—1952)》,中国财政经济出版社 2001 年 12 月第 1 版,第 69 页。

9. 此笔资产经过中华人民共和国成立初期的斗争,前后接收过来飞机、轮船、机器、交通器材、矿品、银行资金、棉花和其他物资,总共达港币 2 亿元。当时部分被掠夺的"两航"资产之后成为中英间长期的外交悬案,经过从 1952 年 7 月到 1985 年 10 月的长期交涉,1987 年 6 月 5 日签订了中英两国政府《关于解决历史遗留的相互资产要求的协定》并立即生效。英方向中方支付 380 万美元,作为对少数几个索赔项目的补偿。参见刘晶芳:《建国初期发生在香港的一场特殊运动》,载《百年潮》1997 年第 3 期;转引自吴承明,董志凯主编:《中华人民共和国经济史(1949—1952)》,中国财政经济出版社 2001 年 12 月第 1 版,第 71 页。

10. 吴承明,董志凯主编:《中华人民共和国经济史(1949—1952)》,中国财政经济出版社 2001 年 12 月第 1 版,第 442 页。

11. 吴承明,董志凯主编:《中华人民共和国经济史(1949—1952)》,中国财政经济出版社 2001 年 12 月第 1 版,第 454 页。

12.《1949—1952 中华人民共和国经济档案资料选编·交

通运输卷》，中国物资出版社1996年版，第718、721页；转引自吴承明，董志凯主编：《中华人民共和国经济史（1949—1952）》，中国财政经济出版社2001年12月第1版，第459页。

13. 李夏，邹应泉编著：《突飞猛进一百年：工业化进程》，海南出版社1993年版，第215页。

14. 王致冰，庄培昌：《蒋介石集团从上海劫走了多少黄金去台湾》，《人民日报》1990年1月8日第6版。

15. 《李宗仁回忆录》，广西人民出版社1980年版，第948页；转引自吴承明，董志凯主编：《中华人民共和国经济史（1949—1952）》，中国财政经济出版社2001年12月第1版，第70页。

16. 参见中共上海市委统战部等：《上海私营金融业的社会主义改造》，载《中国资本主义工商业的社会主义改造：上海卷（下）》，中国党史出版社1993年版，第1086页；李国鼎：《台湾经济发展背后的政策演变》，东南大学出版社1993年版，第7页。

17. 贺水金：《试论建国初期的通货膨胀及其成功治理》，《史林》2008年第4期。

18. 这个机制课题组在另外的研究中称为"治权残缺"，参见本研究团队所承担的国家社科基金重大项目"作为国家

第四章
危机：财政赤字、通胀危机与土地革命

安全基础的乡村治理结构与机制研究"（项目编号 14ZDA064）结项报告（内部报告），2019 年。

19.《1949—1952 中华人民共和国经济档案资料选编·商业卷》，中国物资出版社 1995 年版，第 338、365 页；转引自吴承明，董志凯主编：《中华人民共和国经济史（1949—1952）》，中国财政经济出版社 2001 年 12 月第 1 版，第 656 页。

20. 陈雨露：《大金融框架下的金融发展》，《中国金融》2014 年 19 期。

21. 金冲及，陈群主编：《陈云传（上）》，中央文献出版社 2005 年版，第 624 页。

22. 金冲及，陈群主编：《陈云传（上）》，中央文献出版社 2005 年版，第 625—626 页。

23. 金冲及，陈群主编：《陈云传（上）》，中央文献出版社 2005 年版，第 669—673 页。

24.《1949—1952 中华人民共和国经济档案资料选编·商业卷》，中国物资出版社 1995 年版，第 24 页。

25.《陈云文选》第 2 卷，人民出版社 1995 年版，第 118—120 页。

26. 南汉宸：《新民主主义的金融体系和国家银行的任务》1949 年 12 月 19 日；转引自中国社会科学院、中央档案馆编：

《1949—1952年中华人民共和国经济档案资料选编：金融卷》（上），中国物资出版社1996年版，第10页。

27. 金冲及，陈群主编：《陈云传（上）》，中央文献出版社2005年版，第671页。

28. 中国抵御西方列强鸦片贸易的1840年战争失败引起的百年巨变之中，堪可与此做比较的是晚清与民国时期的富人曾经把鸦片作为折实保值的交易媒介。中华人民共和国扫荡了富人拥有的黑色鸦片，取而代之的是在人民币信用建立以前，以人民大众生活必需的小米和白布为货币赋信。

29. 金冲及，陈群主编：《陈云传（上）》，中央文献出版社2005年版，第652页。

30. 金冲及，陈群主编：《陈云传（上）》，中央文献出版社2005年版，第654—655页。

31. 吴承明，董志凯主编：《中华人民共和国经济史（1949—1952）》，中国财政经济出版社2001年12月第1版，第345页。《陈云传》中的记载是：第一期公债发行超额完成，达到原定两期发行额的70.4%，第二期公债因国家财政经济情况已经基本好转，没有再发行。参见金冲及，陈群主编：《陈云传（上）》，中央文献出版社2005年版，第655页。

32. 吴承明，董志凯主编：《中华人民共和国经济史（1949—1952）》，中国财政经济出版社2001年12月第1版，

第四章
危机：财政赤字、通胀危机与土地革命

第906页。

33.《华北解放区财政经济史资料选编》第2辑，中国财政经济出版社1996年版，第264页。

34. 各地城市具体做法不一样，有的叫"三白"——白米、白面、白布；有的叫"两白一黑"——白米、白布和煤。

35. 邓子同：《应是"折实单位"》，《咬文嚼字》2010年第12期；贺水金：《试论建国初期的通货膨胀及其成功治理》，《史林》2008年第4期。

36.《上海解放前后物价资料汇编（1921—1957年）》，上海人民出版社1958年版，第390页。

37. 温铁军，冯开文：《谨防重蹈旧中国农村破产的覆辙——从工商、金融资本对农村的过量剥夺谈起》，《战略与管理》1999年第1期。

38. 温铁军：《国家资本再分配与民间资本再积累》，《新华文摘》1993年第12期；汪卫华：《群众动员与动员式治理——理解中国国家治理风格的新视角》，《上海交通大学学报》2015年第5期。

39. 许建文：《中国当代农业政策史稿》，中国农业出版社2007年8月第1版，第10页。

40. 比如：温铁军，冯开文：《农村土地问题的世纪反思》，《战略与管理》1998年第4期。董时进亦曾写报告给毛

泽东指出，根据国民政府"土地委员会"在16省163个县175万多户农户中举行的调查结果，35.6%的农户拥有5亩以下耕地，24%农户拥有5—10亩，13%农户拥有10—15亩土地，1000亩以上的大地主只占全国农村人口的0.02%。董时进：《论共产党的土地改革》，香港自由出版社1951年版，第111—113页；转引自熊景明：《先知者的悲哀》，《二十一世纪》2010年6月号。

41.《1949—1952中华人民共和国经济档案资料选编·财政卷》，经济管理出版社1995年版；转引自吴承明，董志凯主编：《中华人民共和国经济史（1949—1952）》，中国财政经济出版社2001年12月第1版，第327页。

42. 黄金娟：《建国初期新政权在上海郊区农村的征粮问题（1949—1953年)》，华东师范大学硕士学位论文2010年。

43. 刘诗古：《征粮、"春荒"与减租退租：对土地改革的再认识——以1949—1951年中南区为中心》，《学术界》2013年第6期。

44.《1949—1952中华人民共和国经济档案资料选编·商业卷》，中国物资出版社1996年版，第521页；转引自吴承明，董志凯主编：《中华人民共和国经济史（1949—1952）》，中国财政经济出版社2001年12月第1版，第307页。

45. 黄仁宇：《万历十五年》，三联书店1997年5月第1

第四章
危机：财政赤字、通胀危机与土地革命

版，第33页。

46. 吴承明，董志凯主编：《中华人民共和国经济史（1949—1952）》，中国财政经济出版社2001年12月第1版，第752页。

47. 吴承明，董志凯主编：《中华人民共和国经济史（1949—1952）》，中国财政经济出版社2001年12月第1版，第478页。

48. 吴承明，董志凯主编：《中华人民共和国经济史（1949—1952）》，中国财政经济出版社2001年12月第1版，第479—483页。

49. 《1949—1952中华人民共和国经济档案资料选编·农业卷》，社会科学文献出版社1991年版，第982页；转引自吴承明，董志凯主编：《中华人民共和国经济史（1949—1952）》，中国财政经济出版社2001年12月第1版，第531页。

50. 果锋：《建国初期的城乡物资交流》，《历史教学》1989年第9期。

51. 中国社会科学院、中央档案馆编：《1949—1952中华人民共和国经济档案资料选编·金融卷》（下），中国物资出版社1996年版，第517页。

52. 国家统计局：《中国商业历史资料汇编》，1963年8月；转引自陈廷煊：《国民经济恢复时期（1949—1952年）的

商品市场与物价管理》,《中国经济史研究》1995年第2期。为了前后数据口径一致,此处皆为旧币。

53.《统计工作》资料室:《解放后全国工农业商品价格"剪刀差"变化情况》,1957年第17期。

54. 赵增延:《重评建国初期农村经济政策中的四个自由》,《中共党史研究》1992年第5期;史敬棠:《中国农业合作化史料（下）》,三联书店1959年版;转引自席富群:《建国初期中国共产党对农村社会分化问题的认识》,《史学月刊》2003年第12期。

55. 中南局农村工作部:《中南区1953年农村经济调查统计资料（1954年）》,湖北省档案馆SZ-J-517;转引自张静:《建国初期中共有关农村土地流转问题的政策演变》,《中南财经政法大学学报》2008年第5期。

56. 莫日达:《我国农业合作化的发展》,中国统计出版社1957年版;转引自席富群:《建国初期中国共产党对农村社会分化问题的认识》,《史学月刊》2003年第12期。

57. 中国人民银行:《关于目前货币流通情况与一九五三年货币发行问题的报告》,1953年3月18日;转引自贺水金:《试论建国初期的通货膨胀及其成功治理》,《史林》2008年第4期。

58. 中国人当代的很多话语都是当代才有的,比如政治、

第四章
危机：财政赤字、通胀危机与土地革命

群众、阶级、政党，所有这些耳熟能详拿来就能用的话语，中国古代从来没有出现过，不是从中国人的经验中产生的词，而是外来的；但"耕者有其田"却是中国古已有之的具有"政治正确"的理念。对农民来说，它并非现代意义的革命口号，而是一个几千年的传统动员口号，农民要求的不外乎安身立命的小有产者的地位。

59. 有学者指出，革命的暴力，恰恰是由经济落后、资本稀缺和受外国剥削压迫的程度所决定的。参见亚历山大·格申克龙：《经济落后的历史透视》，商务印书馆2009年版；程漱兰：《中国农村发展：理论和实践》，中国人民大学出版社1998年版。

60. 薄一波：《若干重大决策与事件的回顾》（上），中共党史出版社1991年版。

61. 杜润生先生曾说，20世纪80年代"大包干"是"八个农村人给两个城里人搞饭吃"（当时城镇化率约为20%）。

62. 温铁军：《国家资本再分配与民间资本再积累》，《新华文摘》1993年第12期。

63. [美] 亚历山大·格申克龙：《经济落后的历史透视》，商务印书馆2009年版。

● 第五章 ●

演 化：
私人原始资本积累与城乡
二元结构下工业品下乡

第五章
演化：私人原始资本积累与城乡二元结构下工业品下乡

很少有人归纳中华人民共和国成立之初应对市场化私人资本危机的经验；也很少有人把经济危机一般都会演化为政治矛盾的规律，用来讨论新成立的中华人民共和国政府在由此涉及国家综合性安全的应对过程中派生的战略调整。

中华人民共和国在筹备阶段就确立了"新民主主义发展战略"，认同市场经济，鼓励私人资本，并且在全国推进土地改革的进程中明确要求保护地主在城镇的作坊和店铺，因为那被认为是符合新民主主义的资本主义工商业。然而，造成民国经济崩溃的爆发在城市里的高通胀，及其在城市自由市场经济规律作用下势必派生的私人资本析出实体经济涌入投机浪潮，一般情况下都会导致发展中国家实体经济崩溃，堕入现代化陷阱。

诚然，我们的研究归纳了新政府从1950年下半年就开始采取的增加市场流动性、向私人工商业采购，或加工订货等"救市政策"；虽然有效地对陷入困境的城市私人工商业做了"逆周期"调节，但这又导致城市私人资本在危机压力下的经营风险叠加道德风险很快蔓延到政府部门，发生大量企业家与官员勾结的贪腐行为。

这不仅证明了"爱因斯坦判断"：人们不能用制造问题的同一思维来解决问题；而且据此推导出我们的判断——城市私

人资本危机不可能靠加强城市私人资本来化解。于是，中国在1953年推出了"社会主义改造"，是为发展战略重大调整……

一、治理高通胀后的城乡经济疲软

按照周期性危机的一般规律，在整顿物价抑制高通胀之后，即转为萧条阶段。对此，中国官方意识形态的表述为：国民经济因处在旧秩序到新秩序的转型之中而出现了调整期困难。但是，其原因**主要应归于本书强调的危机周期规律：任何高通胀压力下实体经济都会走向衰败，遂势所必然地发生私人资金大量析出进入投机经济。此时的两难局面是：如果政策被利益集团左右放任投机则势必泡沫崩溃引致经济崩盘；相反，如果严厉打击投机则势必发生经济衰退。**

中国刚刚在占领全国大城市之中诞生的新政权还没有被利益集团左右，于是当然采取抑制投机的强力措施，也势必随化解通胀而进入萧条。这是本书把1950年后的经济萧条与1949年的高通胀同归为一个经济周期的原因。诚然，按照一般的划分，一个完整的经济周期包括繁荣、衰退、萧条、复苏四个阶段；而中国的经济周期，越是在政府调控比较少的时期，越容易呈现在繁荣和萧条两极振荡的特征。这些经济周期的规律性现象

第五章
演化：私人原始资本积累与城乡二元结构下工业品下乡

与意识形态无关。因为，在那些号称自由市场经济的西方国家，经济走势则主要与其以何种方式向外转嫁代价直接相关。

本书认为，1950年城市工商业趋向萧条的数据变化，显然与上个高通胀阶段盛行的民生物资投机风潮直接相关。**随着物价日趋稳定和回落，投机需求和保值需求大为缩减，城市开始出现工厂产品积压、商店商品很难找到销路、市场的成交量远远低于商品上市量的现象。**[1]

据统计：北京市1950年3月下旬上市粮食7 000余万斤，成交量仅1 000余万斤，是上市量的14%；面粉上市28万余袋，成交量仅为2万余袋，为上市量的7%。重庆市私营商业几种主要商品的销售量，4月与3月相比，食油、煤炭减少50%，布匹减少70%，棉纱减少92.5%，棉花减少93.5%。上海市批发市场交易量，如以1月为100%，到4月，棉纱只有53%，大米只有17%，面粉56%，卷烟仅有5%。上海6大百货公司的营业额，3月比1月减少50%左右，其他小型百货企业则减少了90%。

由于市场疲软，销售大幅萎缩，全国私营企业的产量大幅度下降。最为困难的则是之前投机最猛烈的面粉业和纺织工业，大批工厂、商店歇业倒闭。

据统计：1950年5月主要产品产量同1月相比，棉布减少38%，绸缎减少47%，呢绒减少20%，卷烟减少59%，烧碱减少41%，普通纸减少31%。东部沿海地区私营工商业资本较为集中的地区，困难更为严重。上海1950年4月同1月相比，火柴产量下降了5/6，面粉、卷烟、毛纱、化学胶、玻璃等的产量也下降了60%—80%，许多工厂处于半开工状态。大批工厂、商店歇业倒闭。北京市1950年1月至4月，申请开业的1 043家，歇业1 573家，其中歇业最多的是米面业、粮栈业、布业、煤铺业、百货业等。天津市到1950年4月，据称商业领域马上面临失业的2 600人，多为粮煤业、银钱业中人。[2]

分阶段看，1950年1月至2月，私营工商业开业户数还多于歇业倒闭户数；但从3月开始，歇业者骤增而开业者锐减，城市私人工商业经济陷入困难之中。1950年1月到4月，全国14个较大城市倒闭歇业的工厂总计2 495家，16个较大城市半停业的商店合计9 347家。[3]工商业最集中的上海是个重灾区。据上海市统计，到1950年4月下旬，全市倒闭的工厂有1 000多家，停业的商店有2 000多家，失业的工人在20万以上。[4]

总体数据表明，**1950年春夏之交新中国出现了第一次超过20%的失业高峰。**

根据1950年9月底各地不完整的统计，全国失业工人共有1 220 231人，失业知识分子188 261人，共计1 408 492人。

第五章
演化：私人原始资本积累与城乡二元结构下工业品下乡

此外，尚有半失业者 255 769 人，将失业者 120 472 人。失业率最高的 1950 年 7 月，仅全国登记失业人数就达 1 664 288 人，**占当时城市职工总数的 21%**，如果加上未登记的失业者，失业人数将更多。[5] 据估计，在稳定物价过程中新增加的失业人口合计 38 万—40 万人。[6]

本书指出的通货膨胀诱导的投机行为对实体产业的挤出效应，以及整顿市场打击投机所引发的经济萧条，在中华人民共和国成立后不只一次地发生过，对今天仍有历久弥新的借鉴意义。

二、城乡市场交流的成就与受到的限制

从城乡空间格局看，被打掉了投机获利空间的工商业资本要走出萎靡不振的状态，不能只在城市里兜圈圈，必须把市场扩展到有着总人口 88% 的农村，才可能完成资本原始积累。因此，作为应对治理高通胀后的经济萧条的第一步，政府开展各项工作来促进城乡物资交流，是合乎理论逻辑和现实需求的。

诚如 1950 年 11 月，主管中央财经工作的陈云在第二次全国财政会议上的讲话所指出的："扩大农副土产品的购销，不仅是农村问题，而且也是目前活跃中国经济的关键，是中国目前经济中的头等大事。"[7]

然而，随着鼓励城乡交流措施的渐次推进，城乡二元结构之下的城乡市场对接的矛盾也一层层展开。

首先，在新政府为治理高通胀而对传统城乡贸易予以取缔或限制的一段时间后，农村客观上陷入商品流通不足的困境。

据当时土产公司调查：华东全区1950年土特产品及手工业品的生产占全区粮食生产的36%，总值人民币15万亿元（旧币）上下。华北区土产除商品粮、棉花、烤烟叶、花生经济作物外，据不完全统计，总值约折合70亿斤原粮，约占华北全区粮食总产量的25%。中南全区土特产总值占农民总收入的30%多。西南全区1950年以27种主要土产生产总值约3.5万余亿元，占该区农民收入的30%—40%，依靠土产为生活的有一千数百万人。东北全区1950年土产总值折合红粱（即高粱）470万吨，占农业生产的26.2%。[8]西北区土产收入占30%左右。内蒙古自治区的土产收入与农业收入相等。贵州省46种主要土产折米27亿斤，相当于该省粮食收入……[9]

另据资料显示：在东北，由于城乡物资交流停滞，各省、合作社、农民共存粮约54万吨，其中各省不超过10万吨，合作社约8万吨，其余约36万吨在群众手中。在西北地区，隐藏在虚假繁荣后的经济危机完全暴露出来了，投机家不但不买东西，反而把囤积的东西也送到市场上来，供大于需，于是商品停滞。在西南，"土产卖不出去，农村人民币稀少，工业品

第五章
演化：私人原始资本积累与城乡二元结构下工业品下乡

也就不能很好下乡，三者互相影响，形成农村经济呆滞现象"。在华北，"农民迫切需要出售农副产品，以换取生产资料和生活资料。据统计，察哈尔省14种农副产品需输出的产品约值2800余万元。山西今冬需输出余粮4亿斤，棉花4500余万斤，油料、麻皮、山货药材等1亿余斤"。在中南，土产总值10亿元以上，占农民收入的20%，但是由于美国封锁与农民正在土改，土产运销受到很大影响。[10]

因此，当城乡交流不足作为一个经验现象被提出，当时的人们很清楚，要启动城市的工商业资本与小农之间的商品交换，只能先由政府在农村预付货币，改变货币集中在城市，而使城乡之间难以形成商品交换的空间不均衡格局。

于是，面对萧条阶段城市工商业的困难，有着丰富农村经验的中央主要领导人，主持出台了相关政策措施，扩大各地区之间物资交流、促进工业品下乡。这些措施包括恢复和发展交通运输，鼓励私商从事城市间购运业务，鼓励国营商业和供销合作社商业积极经营土特产，举办物资交流会，发展农村集市贸易和增加商业贷款，发展汇押业务，扩大通汇网点，通过收购农副土特产品向农村投放货币等。毫无疑问，要在一片萧条中重启城乡物资交流，新政权的行政系统、交通运输等国家资本部门和有国家财政和金融力量为后盾的国营商业单位，当仁不让地发挥了重要作用。（见专栏20、专栏21）

专栏20　中央关于召开土产会议推销土产的指示

从1950年到1952年，中共中央、中财委多次发出了扩大农副土特产品购销业务，发展城乡物资交流的指示。

1951年3月22日中央发布《中央关于召开土产会议推销土产的指示》，是对各地实践经验和中央指导思想比较系统的概括。

文件首先指出"土地改革和全国解放后两年来的提倡生产，使我国的农业生产正在迅速恢复，一部分地区已接近于战前水平。因而，推销大量的商品粮食、经济作物、出口物资和占农业总收入很大比重的农副产品、山货、水产、手工艺品，就成为目前广大农民最迫切的要求"，"各级党委必须有计划地组织这一工作"。

文件将土特产品分为行销货和滞销货两大类。

对于行销货，即"因季节性和国家贸易资金不足"，而在某个季节一时销不出去的经济作物和出口物资，"应由国家贸易公司经过合作社向农民进行大量订购，付款方式可采取一部现款、一部实物、一部赊账。赊账部分可采用存实还实和有奖储蓄等办法，保本保值有息有奖，在老区证明农民是乐于接受的。必要时还可以用公粮作抵或银行担保"。

第五章
演化：私人原始资本积累与城乡二元结构下工业品下乡

滞销的土特产品是要重点解决的，文件提出了多项工作措施。

（一）恢复旧有的或开辟新的商业网。由于长期战争所造成的地区和地区间、城市和乡村间长期分割的状态，许多地区的旧的商业路线大部被摧毁，仓库、货栈被破坏。新的商业路线又未能及时建立起来。这就使得物资交流受到极大阻碍。因此，想尽一切办法恢复旧有的和开辟新的商业路线，是目前打开第二类土产品销路的首要任务。邀请有经验的老商人老工匠开座谈会，了解大宗土产的种类、数量、质量和季节性，研究历史上物资流转的路线，派遣有老商人和内行参加的商业访问团、土产推销组到产地和销地接洽，找回老线索，开辟新线索，是积极打开销路的一个好办法。

（二）组织私商下乡进行购销。目前推销滞销的土产品，在大部地方主要还是要依靠私商。要在各方面鼓励私商经营土产品，税收过高者予以减低，不合适者可以去掉，铁路运费对某种滞销产品还可以特别减价。"不论税收、运输、贷款等方面，手续均须简便易行。在货价上必须使私商有利可图。""要动员私商携带工业品下乡。城市和地方要密切配合，城市应举办生产展览会，邀请农民代表、合作社主任和劳动英雄进城参观，开办农民货栈和农民大店，组织购销访问团赴产地销地实地视察，一面给土产找出路，一面调查农民的需要和购买力，给城市工业品找市场。地方对下乡的私商应采取欢迎态度，介绍可靠货栈，热烈招待，开城乡物资交流座谈会，告诉私商本地有何土产、当年销路、现在生产情况及规格、价格等，并可以县、省甚至大区为单位，举行土产展览会，邀请私商、合作社和国营贸易公司参加指导。"

（三）依靠合作社。"在合作社组织已有基础的地方，应使合作社用大力来推销土产。"

（四）恢复并建立短距离的初级市场，"组织群众性的短距离的物资交流"。"土产通常是分布广、品种杂、数量多、体积大、腿脚短"，"必须组织广大群众在本乡本地进行短距离的贩运推销"，"恢复并建立新的集市、庙会和骡马大会等，这些虽是初级市场，但对促进群众性的短距离的物资交流，有极大作用。不少土产品并不需要远运，只在本地流转，即可销掉"。

（五）通过贸易合同建立收益预期，稳定产销关系。"应推动和组织国营贸易公司、合作社、私商和群众间以及各地区间，订立现购、期购、代购等各种合同，使土产品找到固定的出路。"

（六）直接在行政系统内设立运营和服务机构。"首

第五章
演化：私人原始资本积累与城乡二元结构下工业品下乡

先要健全专区以上的土产公司，充实干部，增拨资金。县一级可设一揽子土产公司。""应推动国家贸易公司、合作社和私商选择经济要点，开办货栈和过载行。""我们应该创办新的低利的或不是以营利为目的的，而是为物资交流服务的货栈和过载行，只抽取低廉的手续费，力戒旧货栈和过载行的一切陋规恶习。但在鼓励私商成立货栈和过载行时，其手续费不应限制过严，稍高些是允许的，应给私商经营的货栈、过载行以合理的利润。"

（七）动员群众。"运输工作是推销土产一个极大的问题，除国家铁路交通部门应有计划地在铁路运输和轮船汽车运输方面努力工作外，地方党和政府还应积极建立推销土产的运输公司、联营公司，发展运输网，组织人畜力、各种车船，疏浚内河航道和整修车马大道，并帮助群众组织运输合作社。"

资料来源：《中央关于召开土产会议推销土产的指示（一九五一年三月二十二日）》。

专栏21 1950—1952年各级物资交流大会的成效

在中央精神的指导下，华北、东北、中南、华东、西南等各大区先后召开了土产交流会和展销会，并取得了很好的效果。仅以1951年3月中国土产公司第三次经理会议为例，在会上"东北、华北、中南、华东、西南、西北六大地区与内蒙古自治区，在区与区，省与省，省与市之间互相订立了土产交换协议"，"在土产交换的协议中，规定各区之间流进流出的数量与种类是非常庞大和繁多的。华东区的土产流进西南区的有海参、海米、海蟹、药材等7种，计16.4万斤；流入中南区的计有明矾、火腿等19种，达77.5万斤；流入华北、西北两区的有明矾、海参、竹器等29种，计252.6万斤；流入东北区的有红糖、竹器等25种，计600万斤。西南区土产流入华东、中南、西南、华北四个地区的有榨菜、桐油、药材、土烟叶等54种，计1 760余万斤。华北区土产流入中南、东北、西北三区的有药材、粉丝、栗子、花椒、红枣、乌枣等50种，达1 110万斤。东北区流入中南、华东、华北等区的有猪油、豆油、水果、药材、牛驴等20余种，达438万余斤。西北区流入中南、华北、华东、西南的有木耳、生漆、杏干、葡萄干40种，计310余万斤。内蒙古土产流入华东、中南、华北的有杏仁、瓜子、天然碱、奶油、苦杏等十余种，达110万斤"。[①]

国民经济恢复时期各级政府召开的物资交流大会情况如表5-1、表5-2、表5-3所示。[②]

第五章
演化：私人原始资本积累与城乡二元结构下工业品下乡

表 5-1 国民经济恢复时期召开的各大区和大区间的物资交流大会

时间	名称	基本情况
1950 年 11 月至 1951 年 6 月底	华北、东北、华东三大区合作社物资交流大会	共完成：东北进关红粱 82 126 502 斤，玉米 154 845 479 斤，大豆 93 728 100 斤，豆饼 249 219 724 斤，粮食豆饼共计 579 919 805 斤，完成计划数的 96.7%。华北、华东运往东北的大布（包括五福、五星、花色、厂布）493 080 匹，完成 82%强，皮棉 1 976 456 斤，完成 98.8%，以及土产品和手工业产品等共 11 种。以上物资，按实际批发销售价格计算，总值共计 4 748 亿元。
1952 年 4 月 23 日至 5 月 21 日	华北物资交流大会	共 109 个单位到会。共签订了合同、协议 2 801 件，组织了 74 543 400 万元的成交。其中合同部分占成交总金额的 83.9%，协议部分占 16.1%。农副土特产品占成交总金额的 81.8%。国营经济采购部分占 76.5%，推销部分占 57.7%；合作社采购部分占成交总金额的 39.3%；合作社采购部分占成交总金额的 16.7%，推销部分占 6.8%；私营经济采购部分占成交总金额的 6.8%，推销部分占成交总金额的 3%。在大宗成交的土特产品中，计有：土布 163 800 米，席子 52 万片，各种药材 330 万斤，肥猪 12 000 吨，肥料 142 000 口，农具 22 000 件。城市工业品大宗成交者为各色细布，共达 133 000 匹。日用百货成交总值 324 亿元。提请大会获得解决的历史协议纠纷问题共 139 件，其中在本次大会获得解决者共 100 件，占总件数 71%，值 1 685 亿余元。

189

(续表)

时间	名称	基本情况
1952年5月23日至6月13日	华东区城乡物资交流大会	成交15 786笔，金额17 431.5亿元（购销总额34 863亿元），其中土产品11 177亿元，占64.12%；工业品6254亿元，占35.88%；现货占32.09%，短期期货、易货和代销共占67.91%。除现金现款外，共签订合同5623份（主要是短期合同，但完全没有协议交易）。销出方面：国营55.25%，合作社21.70%，私营21.15%，合营1.9%；购入方面，国营53.71%，合作社13.87%，私营22.84%，合营9.58%。参加大会代表和交易人员陆续增加到4 340人。
1952年7月	中南区物资交流大会	实际交易时间为半个月，交易额23 232亿元（成交总额46 464亿），超过原估计数2万亿元的16%。区内外平均完成公私购销计划总额51.6%（原估计可能实现50%）。现款现货占38%，期款期货占62%；土产占63.53%，工业占36.47%，本区交易总额84.72%，兄弟区交易占15.28%。收购方面：国营占54%，合作社占10.2%，公私合营占7.4%，公营占1%，私营占37.6%。推销方面国有占67%，合作社占10.2%，公私合营占1.4%，私营占21.4%。银行贷款共为500亿元。据对大会成交土产成交15 000亿元的统计，经过地区交流解决了66%，国营收购解决了13.3%，出口解决了20%。半年来积压的土产基本上销售出去。各省的生猪除原积压上销光外，不到销路，但在成交了23万头后，再也没有一个省敢出售了。工业品购销上，国营收购准备下乡的约3 000亿（以百货及进口西药、盘尼西林、链霉素为大宗），各代表团收购直接下乡的有3 500亿元，大城市贩运商及零售商收购约2 000亿。

190

第五章
演化：私人原始资本积累与城乡二元结构下工业品下乡

（续表）

时间	名称	基本情况
1952年8月	西南物资交流大会	会前估计成交金额可能到1 000亿元，最后实际成交金额为6 000亿元。国营带头交易，其后私商争购，后来国营退出交易，组织商联购，这些措施各方都很满意。
1952年9月27日至11月15日	华北区本年度第二届物资交流大会	大会成交总额为56 285亿余元，即购销总值112 571亿余元，超过预期目标41%，其中工业品和农、土、特产品约各占一半。国营企业、合作社、私营企业均有大量成交。
1952年11月20日至12月6日	华南物资交流大会	统计成交额为15 999亿元，其中农业产品6 828亿，工业产品9 171亿；进出口总值8 962亿，出口3 763亿，进口5 199亿；购进方面，国营占34.37%，合作社占8.14%，公私合营占8.82%，私营占48.67%；销售方面，国营占36.55%，公私合营占4.87%，合作社占7.28%，私营占51.3%，成交总笔数17 000余件；现货占成交总额21.96%，期货占78.04%。到会代表团包括华东、华北、西北、西南、中南各省市及省内各区代表共计5700余人，其中私营代表占75%。

注：表中的货币指当时流通的人民币。中国人民银行自1955年3月1日起发行新的人民币，代替原来流通的人民币。新币1元等于旧币10 000元。以下不再一一说明。

资料来源：根据中国社会科学院，中央档案馆：《1949—1952中华人民共和国经济档案资料选编·商业卷》，中国物资出版社1995年版，第467—468、470—475页的资料编制。

表 5-2 国民经济恢复时期召开的主要的省级物资交流大会

时间	名称	基本情况
1952 年 7 月	苏南区物资交流大会	共成交 956 亿元。除少数大宗交易外，一般购销每笔约 700 万元，短期（一般均付定金）占四成。成交数字中，现货占六成。
1952 年 6 月 29 日至 7 月 12 日	山东省城乡物资交流大会	参加大会的除本省各市、专区外，尚有省外浙江、平原等八省区，共计正式代表、交易人员、工作人员 1 002 人；交流业务共成交 2 534 笔，交易总额 1 874 亿元，购销总值为 3 748 亿元。
1952 年 7 月	安徽省城乡物资交流大会	大会成交 2 054 笔，购销总额 1 752 亿元，加上大会期间场外内部交流的共 2 012 亿元，超出原定购销计划 1 200 亿元的 67%。
1952 年 5 月至 7 月	浙江省物资交流大会	自 5 月中旬至 7 月底止，全省先后召开了省及 75 个县、市的物资交流大会。交易总额 6 579 亿元。其中在华东交流大会省交流大会成交 2 908 亿元。专区和县、市交流大会成交 2 458 亿元。进省外参加交流约计 500 亿元。成交共 23 175 笔（不包括在省外参加交易）；参加会议正式代表共 9 393 人。
1952 年 9 月 10 日至 9 月 20 日	福建物资交流大会	参加群众共 2 235 572 人，购销总额 28 513 808 万元。

第五章 演化：私人原始资本积累与城乡二元结构下工业品下乡

（续表）

时间	名称	基本情况
1952 年 4 月至 9 月	前察哈尔省地区交流大会	共召开 44 个中级和初级的物资交流会议，参加了华北区第一届物资大会，总成交额为 3 100 亿元。10 月以后，又组织了 23 个初级市场的物资交流会，连同参加华北区第二届物资交流会，共成交 3 156 亿元。
1952 年 12 月	山西省冬季物资交流会	根据榆次、忻县、运城、临汾等地 85 次交流会的统计，成交额 1 200 余亿元，约为预期计划的 70%。

资料来源：根据中国社会科学院、中央档案馆：《1949—1952 中华人民共和国经济档案资料选编·商业卷》，中国物资出版社 1995 年版，第 475—480 页的资料编制。

表 5-3 国民经济恢复时期召开的一些主要的地、县和农村初级市场的物资交流会

时间	名称	基本情况
1951 年 7 月	牡丹江地区城乡物资交流会	共组织城与乡、县与县间签订 170 余次物资交流协议合同，商品 360 多种，价值 1 750 多亿元。

(续表)

时间	名称	基本情况
1952年8月20日至8月22日	黄县物资交流会	购销总值1 029 000万元。
1952年2月至6月	许昌专区物资交流会	全专区共开了1 000多次庙会。长葛县到6月中旬止共开了92个庙会,其中重点掌握的3个庙会均开了4天,交易额达11亿元,重点掌握了46个庙会,重点掌握了7个,成交了40亿元;叶县开了1 097 921万余元;漯河经济专区会成交1 097 921万余元;临汝"小满会",是重点掌握的一个庙会,农具、牲口的交易特别活跃,全庙会成交55 196万余元,农具和牲口两项的交易额占整个庙会交易额的78%。
1952年8月8日至8月11日	福建省长乐县物资交流大会	共达1万人以上,成交总额241 255万元。
1952年9月	通县专区物资交流会	参加代表共7 000多人,签订合同、协议2 000多件,成交总值2 000多亿元。

资料来源:根据中国社会科学院、中央档案馆:《1949—1952中华人民共和国经济档案资料选编·商业卷》,中国物资出版社1995年版,第481、483—485页的资料编制。

第五章
演化：私人原始资本积累与城乡二元结构下工业品下乡

以上规模的物资交流也表明，中国这样一个超大型国家，因其内部地理和生态环境多样化而形成各地物产多样化，以及传统小农经济条件下劳动力几乎不计成本的密集投入以维持家庭再生产的行为特征，而具有在国家内部开展贸易交流、并以此来吸纳以国家主权为依托的信用货币、进而维持国家货币主权的自然地理条件和物质基础。

资料来源：①中国社会科学院，中央档案馆：《1949—1952 中华人民共和国经济档案资料选编·商业卷》，中国物资出版社 1995 年版，第 441 页。

②许庆贺：《我国国民经济恢复时期的物资交流大会》，《黑龙江史志》2009 年第 19 期。根据中国社会科学院，中央档案馆：《1949—1952 中华人民共和国经济档案资料选编·商业卷》，中国物资出版社 1995 年版，第 468—485 页进行修订。

数据表明，推动货币下乡的工作取得了一定的成效。据统计，农副产品采购额从 1950 年的 80 万亿元增加到 1952 年的 129.73 万亿元，增长了 62.16%。[11]——如前所述，这些工作也取得了让货币"沉淀在乡"的效果。

然而，进一步考察这些数据则不难发现，无论哪个区域，其实都只是较大程度地恢复了传统小农的集贸市场行为而已，农户的商品化率只有30%—40%，通胀条件下实施的土改所强化的小农经济自给自足的特点，在通胀危机结束后仍然延续着。显然，这样的农村经济不可能自发地成为城市工业品的市场。即使是在扩张速度远高于农民收入增速的农业生产资料市场，也仍然存在对资本深化的抵制。（见专栏22）

专栏22 "铁犁"折射出的城市生产的支农工业品难以下乡的问题

据统计，随着农民收入增加，全国农业生产资料供应总金额从1950年的7.3万元增加到1952年的14.1万元，增长91.15%，比农民购买力增长速度高出11个百分点。[①]

建国初期有个"铁犁"下不了乡的故事，可以说明城乡二元结构客观上存在的对立性的矛盾：城市中刚有所恢复的民族工业，参照苏联通过马拉步犁提高农业装备系数来提高劳动生产率的先进耕作方式，生产出了"双轮双铧犁"。这种犁有两个犁铧、两个轮子，拉力比木犁增加一倍，可以同时犁出互相平行的两条，并且比一般犁沟垄犁得更深。——相对于当时农民普遍使用的

第五章
演化：私人原始资本积累与城乡二元结构下工业品下乡

木犁，它被老百姓俗称为"铁犁"。其成本仅29元，而销价为39元（1955年后新币值）。

这在城市，应该是自主性的民族工业开始有了支农产品的大事。很多报纸大力宣传，很多进城干部都激动地给自己那年出世的孩子起名叫"铁犁"，无论男女。但在农村，无论政府怎样宣传动员，却很少有农民购买。

图5-1 正在生产制造双轮双铧犁

因为土改之后全面恢复的传统小农经济，仍然是一种"资本浅化"的经济类型：一是村里的木匠打个架子，铁匠打个犁铧，套个牲口就可以耕田了，并不需要再去购买一个"铁犁"；二是长期以来，村社内部包括工商业在内的多种经营并不走现金交易，因而村民没有

图 5-2 毛泽东观看双轮双铧犁照片
（载《人民画报》1955 年第 11 期）

购买城市工业品的习惯。

后来，这种双轮双铧犁还是靠"组织分配"半强制地下到农村的，但已经是农村开展合作化运动以后的事情了。不过，由于这种"一刀切"的命令式做法没法考虑农村千差万别的地质地貌特征，确有一些地方显著地提高了生产效率，但也有很多地方分下来的铁犁因难以

第五章
演化：私人原始资本积累与城乡二元结构下工业品下乡

适应当地农地和牲畜条件而被置弃一隅。

这个农村合作化之后的铁犁尾声也表明，正是有了农民合作体系的建设，才可以承接城市工业品下乡。

资料来源：①农业生产资料数据来自国家统计局编：《商业统计资料汇编（1950—1957）》综合本，1958年10月1日（笔者注：结合上下文，这两处数据的货币单位应为1955年币制改革前的"万亿元"）；农民购买力增长数据来自国家统计局：《中国商业历史资料汇编》，1963年8月；分别转引自吴承明，董志凯主编：《中华人民共和国经济史（1949—1952）》，中国财政经济出版社2001年12月第1版，第401、403页。

其余内容作者根据自身经历及资料整理。

图片来源：

http://www.wzrb.com.cn/article299816show.html

凡此种种，并无新意。只不过表明：**无论何种后发国家要进入工业化，无论信奉何种主义，都会遭遇到资本原始积累与分散小农的交易费用难题，是为直接"制度成本"。**

20世纪40年代后期中国共产党按照苏联输入来的经典马克思主义理论、靠顶层设计提出的新民主主义发展战略，虽然至今仍然为人津津乐道，但其实早在1950年就已经落入"现代化陷阱"：既然难以通过市场交易促进工农两大部类交换，那也就无法形成推进工业化所必需的私人资本原始积累。

现有的一些国家统计数据有助于我们考察全国整体面上情况：

农副产品采购额从1950年的80万亿元（指旧币。下同）增加到1952年的129.7万亿元，增长62.1%；三年中农民净货币收入从1949年的68.5万亿元增加到1952年的127.9万亿元，增长86.7%，农民购买力提高近80%。城乡商品零售总额1950年、1951年、1952年分别为170.56万亿元、208.84万亿元和246.88万亿元。[12]

1951年农副产品收购价格提高总金额为19.1万亿元，减去农村工业品零售价格提高而使农民购买工业品增加的支出9.2万亿元，农民因此受益9.9万亿元。1952年农副产品收购价格提高总金额为27.7万亿元，这一年农村工业品零售价格虽有所下降，但比1950年仍有所上升，同时农民购买力提高，购买数量增加，多支出9.7万亿元，农民因此受益18万亿元。两年合计，农民共受益27.9万亿元。[13]详情如表5-4所示。

第五章
演化：私人原始资本积累与城乡二元结构下工业品下乡

表 5-4　1951—1957 年工农业"剪刀差"价缩小及农民受益情况

单位：万亿元

	全社会农产品采购			农村工业品零售			农民净收益
	价格指数	采购总值	增加收入	价格指数	零售总值	增加支出	
合计	—	—	310.4	—	—	97.2	213.2
1951年	119.6	116.4	19.1	110.2	99.0	9.2	9.9
1952年	121.6	156.1	27.7	109.7	110.3	9.7	18.0
1953年	132.5	170.4	41.8	108.2	137.5	10.4	31.4
1954年	136.7	180.6	48.2	110.3	156.9	14.7	33.8
1955年	135.1	188.9	49.1	111.9	161.6	17.2	31.9
1956年	139.2	195.5	55.0	110.8	184.0	18.0	37.0
1957年（预计）	144.4	225.0	69.2	110.8	184.6	18.0	51.2

注：1. 按现价计算采购（或零售）总值÷价格指数＝按基期价格计算的采购（或零售）总值。现价总值与基期价总值的差额，即为增加收入或增加支出。

2. 价格指数以 1950 年价格水平为基础。原文货币单位为"亿元"，这应该是 1955 年开始采用的新币制单位。

资料来源：《统计工作》资料室：《解放后全国工农业商品价格"剪刀差"变化情况》，《统计工作》1957 年第 17 期。

农业生产资料供应总金额从 1950 年的 7.3 万亿元增加到 1952 年的 14.1 万亿元，增长 91.15%。[14] 尽管如此，及至 1952 年年底，**农民由于储蓄防灾、购置牲口和土地等习惯，持有的人民币已达 11 万亿元，约占当时人民币流通总量的 40.4%。**[15]

诚然,以上数据说明了中华人民共和国成立以来政府在农民增收方面的工作成就,也表明了农村对于吸纳货币,从而抑制通胀的积极作用。但也可以从中国工业化的历史脉络和工业品下乡困境的视角,对上述数据进行饶有新意的解读。比如:

第一,农副产品采购额的增加主要是农副产品收购价格提高的结果,农民生产并未出现商品化趋势。1951 年、1952 年农副产品收购价格提高总金额分别为 19.5 万亿元和 27.7 万亿元,二者之和为 47.2 万亿元,与农副产品收购总额的总增加量 49.7 万亿元(129.7 万亿元—80 万亿元)相差无几;只有 2.5 万亿元(49.7 万亿元—47.2 万亿元),即总增加量的 5%,是靠农副产品收购量的增加实现的。

第二,**农户生产整体上并未随着收入增加而出现资本密集趋势**。1952 年商业部门对于农村的农业生产资料供应总额为 14.1 万亿元,仅占同年农副产品收购总额 129.7 万亿元的 10.87%。用 129.7 万亿元扣除 1952 年年底农民手中保有的现金 11 万亿元,可以得出**1952 年农民在城乡的现金花销总额大抵为 118.7 万亿元,对农业生产资料的需求只占其中的 11.88%**。

第三,分散小农对工业品的需求并不随着收入水平和相对价格的变化同比例变动,**分散农户对工业品需求的收入弹性和**

第五章
演化：私人原始资本积累与城乡二元结构下工业品下乡

价格弹性都极低。1951年提高农副产品收购价格使农民收入增加了19.5万亿元，但只有不到一半（47%，9.2万亿元）转化为工业品需求的增量；1952年农副产品收购总额增加了27.7万亿元，转化为工业品需求增量的仍然还是9万亿多（9.5万亿元），占比下降到大约1/3（34.3%）。可见，**随着工农业产品价格"剪刀差"的缩小，出现了收入增加多、支出增加少、收支"喇叭口"增大的趋势，下乡货币滞留在乡的多、回流返城的少。**

可见，农民持有大量现金，主要还是在传统农村经济部门内部流通，也包括少部分富裕**农民为了购置土地房产而留存现金。这一方面帮助政府吸纳了超发货币，弱化了通货膨胀的压力；然而，另一方面也表明了城乡经济交换关系难以建立。**在治理通胀中，前一方面发挥了积极作用；但在通胀得到有效遏制之后，后一方面对民族工业的消极作用则开始显现。尽管这未必代表一种长期趋势，但在当时工业生产已经全面恢复的情况下，如果不能让农民的购买力在购买城市工业产品中释放，则工业品的市场空间就难以扩大。

与上述分析非常匹配的是，工业品过剩的领域，主要是和老百姓日常生活相关的轻工部门，典型的过剩产品有火柴、卷烟、肥皂、面粉、丝织品和酱油等。[16]

三、价格"剪刀差"的政策悖论

一般都认为资本原始积累来自对农业剩余的提取，只有拉大工农业产品价格差距，才有利于工业部门从农村提取剩余，并且国内多位著名学者围绕中国城市工业部门通过工农产品价格"剪刀差"到底从农村提取了多少剩余进行了大量研究[17]；但本书认为：直到国家强制推行农村集体化之后，城市产业资本才有采取"剪刀差"从农业提取剩余的制度条件。此前，则**几乎不大可能让分散的、兼业化小农接受城市大规模生产的工业品。**

本书指出，小农经济的自给自足特征，乃是**农户在长期的"以家庭内部劳动力的组合投资来弱化外部风险因素影响"**的产物。**这个内部化机制维系的"农户理性"**[18]，是传统农村海绵社会在大多数情况下能够自我维持、自我稳定的重要机制。但是在工业要捷足发展的现代社会，却成了工业品下乡的一个主要障碍。——这个二元对立矛盾与意识形态无关，在任何发展中国家都具有一般性。

众所周知，纺织业在很多国家都是现代工业体系的先导部门和重要组成部分，是轻工业中最重要的产业部门。而在20世纪50年代初期的中国，在城市的市场容量有限，也不可能

第五章
演化：私人原始资本积累与城乡二元结构下工业品下乡

如西方先发国家殖民化开拓海外市场的条件下，只有农村才能为纺织品等现代工业品提供广阔的市场。实际情况的确如此，据1951年4月对北京市18家布店的典型调查，营业额都在增加，其中，以销往农村为主的营业额增加了120%—300%，以销往本市为主的营业额增加了65%，前者是后者的2倍多。[19]但问题在于，有着数千年男耕女织传统的中国农村，向来是"织女"家织布的天下。一旦全国土改恢复了悠久的耕织历史，则中国城市纺织工业要面对的竞争对手就不是国外纺织厂的倾销，而是农村一家家的织布机。

由此就产生了工农产品价格"剪刀差"的"政策悖论"：城乡二元结构下，需要利用工农业价格"剪刀差"从农业提取剩余以推进工业化，但"剪刀差"过大也有可能阻碍工业品下乡。考虑到纺织工业直到20世纪80年代都是中国出口换汇的主力，虽然这本质上是城乡、工农之间的利益关系问题，但对于从领导农民革命中发展壮大起来、致力于带领全中国建设工业化的中国共产党来说，却很难取舍。

1949—1952年新民主主义实践中发生的实际情况是：由于**中国的小农户历来是生产和消费高度内部化的小型综合经济体**，在农民收入没有显著增加的情况下，当工农业"剪刀差"过大，手工织布就会对机器产品形成替代，使得工业品难以下乡，反倒不利于国家工业化；同时，粮价低也会使农民更多消费或自储粮食而导致城市粮食征集困难。

因此，除了小农与市场的制度性交易成本以外，农民收入就成为纺织工业能否撬动农村市场的另一重要影响因素。

实际上，尽管前述之城乡物资交流使农民显著受益，1949—1952年农民总的收入水平与以前相比有了明显的增长，但从城乡比较来看，农民的收入涨幅落后于城市主要工商业部门。

从数据看：1949—1952年，全国土地耕种面积增加了10.25%，粮食产量增加了46.1%；但农业产值只增长了41.4%，产值增幅落后于产量增长。农业内部分品种看，增产、增收幅度最大的都是棉花，但由于棉花在总播种面积中占比很小，对农民收入的拉动作用有限。（见专栏23）农民收入增长最快的部分是基于传统兼业小农生计多样性的土特产品和副业产品等的生产，但传统小农的现金化、商品化程度不高，这部分对农民收入的拉动作用相对有限。

专栏23　土改后农业生产的恢复与增长

从数据上看，土改后土地总耕种面积和粮食产量的增幅并不大。

中国长期处于人多地少的压力之下，清末人口已经达到3亿多，在没有显著技术突破的情况下，土地开发

第五章
演化：私人原始资本积累与城乡二元结构下工业品下乡

利用的空间不大。中华人民共和国成立后，在开发荒地的鼓励政策下，全国耕地面积从1949年的146 822万亩增加到1952年的161 878万亩，增加耕地15 056万亩，增加幅度为10.25%。①

建国初期主要农产品产量实现了大幅度上升。1952年同1949年相比，粮食总产量由11 218万吨增加到16 392万吨，增长了46.1%②，考虑到1949年遭遇较严重自然灾害的影响，这一增长幅度中有相当大比重是农业生产的自然恢复的因素，但仍比1936年的15 000万吨增长了9.28%。

产量增幅最大的是经济作物中的棉花，棉花总产量从1949年的44.4万吨增加到1952年的130.4万吨，3年增长193.69%，为历史最高年产量的153.6%；人均产量从1949年的1.6斤增加到1952年的4.6斤。**主要原因是政府为了满足纺织工业原料的需求，调高了棉花的收购价格**。1950年4月中财委通告规定棉粮比价为：1斤7/8吋中级皮棉换小米8斤，换小麦7斤，换大米6.5斤。1951年3月，规定1斤7/8吋中级皮棉换小米8.5斤或9斤，换小麦8斤，换大米8.5斤。1952年规定1斤棉花换小米8—9斤或8.5—9.5斤，换小麦7.5—8.5斤，换大米8—9斤。③值得注意的是，**1951年**

以后调高棉花收购价格，是在政府宣布对棉纱棉布进行统购统销之后实施的。这并不支持人们一般倾向于认为的"统购统销的目的是政府为了低价从农民手中获取物资"的观点。但若从应对恶性通胀看统购统销，其对于遏制中间商囤积居奇和投机炒作是有显著效果的。

尽管"要发家，种棉花"成为许多农民的口号，但由于棉花在总农作物中占比不大，对农民收入增加的贡献很小。而且，由于存在着棉花与粮食争地的问题，棉花产量不可能一味扩大。由表5-5数据可知，1949年棉花的种植面积约为粮食播种面积的2.2%，1952年棉花种植面积相比1949年提高了104.7%，但是相比当年的粮食播种面积仍然只有4.7%，因此，棉花对农民收入的拉动作用总体上有限。

表5-5　1949—1952年中国分区域耕地面积、粮食种植面积、棉花种植面积[④]

单位：万亩

	项目	1949年	1950年	1951年	1952年
华北区	耕地面积	18 934	19 437	19 901	20 441
	粮食种植面积	17 910	18 424	18 124	19 733
	棉花种植面积	1 069.1	1 470.6	2 059.5	1 957.3
东北区	耕地面积	22 489	22 976	23 069	23 887
	粮食种植面积	20 818	21 699	20 868	21 916
	棉花种植面积	191.6	364.7	712.7	616.4

第五章
演化：私人原始资本积累与城乡二元结构下工业品下乡

(续表)

	项目	1949年	1950年	1951年	1952年
华东区	耕地面积	33 780	34 494	36 052	37 529
	粮食种植面积	43 339	45 423	48 262	50 084
	棉花种植面积	1 212.4	1 657.8	2 386.7	2471.6
中南区	耕地面积	33 309	34 555	37 048	38 247
	粮食种植面积	44 728	46 833	48 380	51 752
	棉花种植面积	1 104.2	1 468.1	2 111.0	2 280.3
西南区	耕地面积	16 602	16 686	16 924	17 682
	粮食种植面积	20 538	20 246	20 870	21 501
	棉花种植面积	214.4	274.2	459.6	434.5
总计	耕地面积	125 114	128 148	132 994	137 786
	粮食种植面积	147 333	152 625	156 504	164 986
	棉花种植面积	3 791.7	5 235.4	7 729.5	7 760.1

资料来源：吴承明，董志凯主编：《中华人民共和国经济史（1949—1952）》，中国财政经济出版社2001年12月第1版。页码分别为：①506页，②246页，③673页，④588—624页。

和工业、建筑业、运输业、商业等现代部门相比，农业产值不仅增长速度最低，收入增长速度也最低，**工、建、运等部门的国民收入在三年内增长了1倍以上，因国家治理通胀而受到严格控制的商业只增长了60%，也比农业高了22.3个百分点**（见表5-6）。即使算上副业等全部收入，**农民购买力三年中也只提高了80%**。

表 5-6　1950—1952 年各部门产值增长速度及国民收入增长指数

1949 年 = 100

产业部门	1950 年 产值	1950 年 国民收入	1951 年 产值	1951 年 国民收入	1952 年 产值	1952 年 国民收入
农业	117.8	117.1	128.8	128.9	141.4	138.7
工业	136.4	133.3	188.6	186.6	249.3	255.5
建筑业	325	500	600	900	1 425	2 100
运输业	100	116.6	126.3	150	184.2	208.3
商业	111.8	109.1	129.4	127.2	166.2	160.0

资料来源：各部门产值增长速度指数来源于国家统计局：《中国统计年鉴（1984）》，中国统计出版社 1984 年版，第 20 页；各部门国民收入增长指数来源于国家统计局国民经济平衡统计司编《国民收入统计资料汇编（1949—1985）》，中国统计出版社 1987 年版。

农业因为本身包含着自然再生产与经济再生产的双重属性，在正常条件下相对于二、三产业必然发展滞后。这是个具有普遍意义的规律，1949—1952 年中国共产党领导下的新民主主义阶段并不例外。但也要看到，在这段时期，除了农业自身的特点外，影响农民收入提高的因素在更大程度上是政策性的：

第一，**历代开国大都实行"均田免赋"，而中华人民共和国开国之初"只均田，不免赋"。**[20]

前已述及，由于中华人民共和国成立前后中共治理通胀危机仍以动员农民上缴农业剩余为主，中华人民共和国成立初农

第五章
演化：私人原始资本积累与城乡二元结构下工业品下乡

民负担并未减轻，甚至有所增加；旨在减轻农民税费负担的政策拟于1951年实施，却因朝鲜战争爆发而使政策的优惠幅度缩小（后文详述）。

第二，政府调运农产品打击投机导致农村内部的商业收益主要由官方合作社占有。

土改主要变革的是农村财富的内部分配关系，但在实现了广泛国民动员的同时也打掉了地主这个农村中的"规模流通主体"，以至于"在城乡物资交流过程中，各类成分的商业组织与经营业务都得到发展"，但城乡贸易的快速增长和由此产生的收益却主要由国营商业机构和合作社占有。

根据资料，1950年到1952年，国营商业企业数从7 638个增加到31 444个，增长3.12倍；上缴利润和税收增长3.02倍；国内商品销售额从34.42万亿元增加到155.08万亿元，增长3.5倍……供销合作社数由1949年的22 817个增加到1952年的335 096个；合作社商业国内商品购进额从1950年的12.29万亿元增加到1952年的86.84万亿元，增长6.1倍。相比之下，私营商业和饮食业企业由1950年的477万个增加到1952年的515万个，增长8%；私营商业的商品零售总额由1950年的100.89万亿元增加到1952年的120.4万亿元，增长19.3%。[21]

第三，国家控制城市农产品销售价格抑制高通胀的短期措施被长期化使用。

粮食作为基础商品的收购价格大多数时间偏低，1951年年底才开始调高粮价，大多数其他农产品价格难以在粮价低迷的同期走强，导致农业产值增长落后于农产品产量增长，也直接影响农民收入增长速度缓慢。鉴于政策性因素导致农民收入增长相对落后已经影响了工业品下乡，1952年前后政府开始调整工农业产品比价。（详细过程见专栏24）

专栏24 建国初期工农产品比价政策的调整

建国初期，国民经济受战争破坏严重，工业的恢复慢于小农村社制下的农村经济，导致工业品相对稀少，所以农民用同样多的粮食和棉花能换到的工业品比战前少，1950年比抗战前1930—1936年的平均水平扩大了31.8%，比1936年扩大了45.3%。当时，中共首要的任务是稳定物价、控制通货膨胀，鉴于粮食和棉纱都是发生通货膨胀的主要商品，1950年的价格政策都是以维持价格稳定为主，客观上也就延续了建国初期的价格"剪刀差"。

1950年下半年粮食价格下降、工业品及纱布价格上升，农民对此很不满意，中央的政策是：稳定粮食价格，防止下落、适当提高；稳住纱布价格，不使其继续

第五章
演化：私人原始资本积累与城乡二元结构下工业品下乡

上涨，在保证生产者、运销者有一定利润的前提下，适当调整。

1950年9月，中财委提出，防止或减轻"谷贱伤农"工作的重点，不在降低工业品价格，而在维持一定的粮食价格，拟大量收购粮食，准备囤积50亿斤。但由于国家收购资金有限，有的地方不得不停购或少购，这次稳定价格的效果不佳。

1951年1月，为了补助收入、平衡收支，中财委同意中南区关于扩大"剪刀差"的意见并转发各地，认为有必要有计划地扩大"剪刀差"，即稳定土产价格，适当提高工业品价格。4月，第二次全国物价工作会议提出：不能不照顾实际情况，片面强调缩小"剪刀差"，否则好心办坏事，既对农民不利，又影响工业生产。政策上，1951年1月、4月，国家在两次调高纱布价格的同时，也两次部分调低粮食价格。1月4日，将上海及华东大米产区城市的米价调低5%。4月12日，调低各地粗粮价格，将小米收购价改挂为出售价。7月，中财委认为按照目前两个月来物价每天上升1‰的趋势，且目前国家掌握的纱布力量不足，粮棉收获后农民购买力估计会比去年提高40%，资本家手里的游资会比去年增加，因此秋后物价存在严重的波动危险，同时出于抗美援朝战争对财力的需要，自8月1日起，在调高纱布价格的同时，调低粮食价格。从中南区开始，将新粮收购价比现时大米牌价降低10%—15%，适当调低各地面粉牌价。

这几次物价调整实际是扩大了工农业产品比价，其结果是虽解决了一时的问题，但又造成新的不合理比价。纱布与棉花的比价偏高，造成农村土纺土织扩大，棉花流向农村，国家收购困难；粮食价格偏低，既扩大了城乡消费，也造成市价高于牌价，国营公司难于收购。为此，国家不得不于1951年11月和1952年2月、9月、12月几次逐步调高粮棉价格，降低纱布及工业品价格，反映在实际效果上是工农产品比价虽然高于抗战前，但"剪刀差"的差距缩小。

1952年与1950年相比，粮食价格提高了7.4%，棉花价格提高了8.9%，其他农产品的价格也有所提高。加上集市贸易农产品价格的回升，农产品收购价格总指数超过了农村工业品零售价格总指数的上升。以1950年为基数，1951年和1952年农产品收购价格总指数分别为119.6和121.6，而农村工业品零售价格总指数分别为110.2和109.7，农民用同样数量的农产品换取的工业品有所增加。工农业产品比价平均指数以1950年

第五章
演化：私人原始资本积累与城乡二元结构下工业品下乡

为100，1952年为90.3，其中沿海地区缩小得少，内地及边远地区缩小得多。农民通过交换获得的净收益在增加，1951年为9.9亿元，1952年为18亿元。

资料来源：《1949—1952中华人民共和国经济档案资料选编·商业卷》，中国物资出版社1995年版，第549—636页；转引自吴承明，董志凯主编：《中华人民共和国经济史（1949—1952）》，中国财政经济出版社2001年12月第1版，第670—672页。

归纳1949—1952年政府推进**价格"剪刀差"政策由加大到缩小的客观演变**过程，可以分为三个阶段。

第一个阶段是建国初期，由于战争破坏严重，而工业恢复得比农业慢，所以工业品稀少，农民用同样多的粮食和棉花能换到的工业品少了，1950年比抗战前1930—1936年的平均水平扩大了31.8%，比1936年扩大了45.3%。建国初，中共首要的任务是稳定物价、控制通货膨胀，工农产品价格制定也是服从这个首要任务，再兼顾其他。鉴于粮食和棉纱都是发生通货膨胀的主要商品，**1950年的价格政策都是以维持稳定为主，客观上也就延续了建国初的价格"剪刀差"。**

第二个阶段始于1951年年初，试图发展城市工商业的中央政府开始实施加大工农产品价格"剪刀差"的政策，以利城市工业部门从农村提取农业剩余加快资本积累。但是，试行了不到一年却遭遇到了提价的工业品被农村市场抵制的尴尬：纱布与棉花的比价偏高，造成农村土纺土织扩大，棉花流向农村，国家反而收购困难；另一方面，官方粮食价格偏低，既扩大了城乡消费，也造成市价高于牌价，国营公司难于收购。

第三个阶段价格"剪刀差"开始缩小。针对第二阶段的问题，国家不得不于1951年11月和1952年2月、9月、12月几次逐步调高粮棉价格，降低纱布及工业品价格，反映在实际效果上是工农产品比价虽然高于抗战前，但"剪刀差"的差距开始缩小。1952年与1950年相比，粮食价格提高了7.4%，棉花价格提高了8.9%，其他农产品的价格也有所提高。加上集市贸易农产品价格的回升，农产品收购价格总指数超过了农村工业品零售价格总指数的上升。[22]

整体上看，虽然1951年农产品收购价格指数高于农村工业品零售价格指数，但由于建国初期工农产品"剪刀差"较大，农村工业品零售价格基数较高，所以农村的市场交易条件仍然差于城市。

1950—1952年的工农产品价格"剪刀差"总体情况如表5-7所示。

第五章
演化：私人原始资本积累与城乡二元结构下工业品下乡

表5-7 1950—1952年工农业产品购销价格与比价指数

年份	农产品收购价格指数	农村工业品零售价格指数	工农业商品综合比价指数
1950	100	100	100
1951	119.6	110.2	92.2
1952	121.6	109.7	90.3

资料来源：《统计工作》资料室：《解放后全国工农业商品价格"剪刀差"变化情况》，《统计工作》1957年第17期。

在梳理这段历史的过程中，课题组注意到，在后人有无限学术发挥空间和遐想的价格"剪刀差"问题上，建国初期已经进行了多次政策调整和尝试，其结果可以概括为遭遇了两个主要矛盾：

第一个矛盾是一般性的"具有对立性质的城乡二元经济结构"。**政府虽然把民族资本主义工商业发展作为国家战略，却无法化解城市企业与小农经济的交易成本。**当政府在1950年下半年至1951年想要通过价格政策扩大价格"剪刀差"，却在传统乡土社会遭遇到了不计算劳动力成本的兼业化家庭经济不自觉的"软抵抗"，遂有农妇土织布排斥工厂机织布、支农工业品和民生消费品都难以下乡的难题。

由于农村难以承接工业品下乡，遂有下节将要详细阐述的政府在经济萧条期直接出手救市，并由此引出资本原始积累中更深层次的问题……

第二个矛盾是城乡私人资本与国家资本的冲突，背景是具有时空特殊性的"地缘格局突变导致中国发展战略的根本性改变"。正当政府在1951年年底开始缩小工农产品价格"剪刀差"，大力推进工业品下乡，农村市场交易条件于1952年初步有所改善时，中国还发生了因1950年抗美援朝战争（1953年达成停战协议）而从苏联获得大规模战略性援助这个重大的外部条件的变化；苏联的军重工业援助直接演变为国家资本，短期出现了中央政府掌控的国家资本主义经济占据主导地位的新情况。

正是在上述内外矛盾交织作用下，中国于1953年推出了"社会主义改造"运动，其实质是国家资本主义对私人资本的改造。以一般市场经济促进私人资本发展的新民主主义战略，至此告一段落……此乃后话，本书不做分析。

四、资本原始积累与城乡二元结构的矛盾分析

值得注意的是，前述建国初期经济困难集中发生在资本集中的现代化城市，而农村因土改后恢复的小农经济得以脱嵌于城市现代化经济而受到的影响较小。在代表现代与传统差异的城乡二元结构之下，经济萧条之下城乡所受的影响有很大差异

第五章
演化：私人原始资本积累与城乡二元结构下工业品下乡

性——在城市表现为全面萧条和失业增加；然而，在大多数农村地区却不甚了了，主要表现为农村基本温饱需求之外的副业发展不足、土特产品出售困难、农民负担过重等，个别粮食主产区也有商品粮待售的问题。

面对城市产业萧条阶段的经济疲软，政府采取了两种性质的措施：一种是政府作为市场经济调控者和引导者的、体现新民主主义性质的措施，另一种是政府直接作为经济主体的、体现社会主义改造（也称为国家资本对私人资本的改造）性质的措施。

从实际过程来看，当时的政府也在不断地对政策进行调整。所幸，当时的领导及管理部门尚未构建与海内外资本的利益互补；由此，在政策调整中还能够实事求是地从客观需求出发，及时纠错纠偏，既不受"从胜利走向胜利"等革命话语的限制，也较少受城市部门利益集团的羁绊。

不幸在于，在短期"运动式"应对高通胀中，因广泛发动了基层小农，而表现出巨大制度收益和极高能量的土改，在缺乏跟进性组织化安排和相关制度供给的条件下，开始表现出对于城市资本以及工业化的制度成本，尽管形式温和，但性质上却是属于对抗性的。

可见，土改对于建国之初的城乡关系具有双面的塑造作用，由此，一方面拉近了农村与城市政府的政治距离，另一方面也拉远了农村与城市工商业之间的经济距离。

就前者来说，如同历史上任何朝代实现均田免赋都会使农民忠于国家一样，土改使占全国人口88%的农民群众高度依赖和长期忠诚于中国共产党领导下的中华人民共和国。这意味着**新中国政府凭借土地革命有效地完成了构建"政治国家"所必需的最广泛的国民动员，而由此与全都完成"耕者有其田"土改的东亚各国和地区在农村基本制度上明显趋同（这也是东亚各国和地区都相继进入工业化的内因），却与世界上其他没有通过土地革命完成国民动员的发展中国家，在基本制度上构成本质性区别。**

就后者来说，土改的实际内容是按村社人口平均分地到户，客观结果是**旧中国方便城市资本"低成本"地提取农业剩余的两个农村规模主体同时被消灭——既消灭了富农和富裕中农这些能够最大规模租入土地进行农业劳作的"规模生产主体"，又消灭了地主阶级这个仅凭实物租就能低成本保持农业商品化率的"规模流通主体"。**[23]

由于民国城市现代化从农村提取原始积累所依赖的两类规模经济主体都被土改所消灭，这就客观上改变了民国时期"工商业资本和金融资本下乡"与工商业地主及高利贷者结合的格局。

本书认为，**土改利小农而不利资本，遂引发分散的小农经**

第五章
演化：私人原始资本积累与城乡二元结构下工业品下乡

济与集中的城市资本之间的对抗性矛盾：越是在市场经济条件下，越是会发生私人资本积累困境。

过去如此，现在亦然。中国当年如此，大多数发展中国家至今亦然……

主要在于：土改一方面切实降低了外部经济主体对小农的剥削率；但另一方面，也导致了新民主主义阶段城乡之间因经济分隔而形成本质上对立的矛盾。要在城市发展民族资本主义工业，就要从高度分散且兼业化的小农经济提取农业剩余，那就势必会产生极高的"交易费用"。何况被过去十多年高通胀导致的市场风险反复洗礼的小农经济，更加趋于"风险厌恶"而采取"去货币化"行为。因此，市场波动下的农民，一般情况下，都会既存粮惜售，又减少购买城市工业品。反过来看，农民土特产品出售是获取现金的重要领域，约占农民收入的30%；城市产业萧条造成对农村土特产收购的减少，一定程度上降低了农民的现金收入和对城市工业品的市场需求。

若简单化地坚持市场经济，则难以扭转恶性循环……

注释

1. 不过,在本书强调的这种规律之外,也应介绍其他解释。例如,有研究认为,除了国民党政权撤退前的破坏因素外,还在于旧中国留下来的部分经济基础需要转型,比如奢侈消费服务行业、借物价上涨机会投机的行业以及从事殖民地经济性质的某些进出口行业等。此外,新政权成立后一些过激排挤私营工商业的行为,也造成了部分工人失业。参见吴承明,董志凯主编:《中华人民共和国经济史(1949—1952)》,中国财政经济出版社2001年12月第1版,第864页。

2. 吴承明,董志凯主编:《中华人民共和国经济史(1949—1952)》,中国财政经济出版社2001年12月第1版,第654—655页。

3. 1950年5月初全国7大城市工商局长会议资料;转引自吴承明,董志凯主编:《中华人民共和国经济史(1949—1952)》,中国财政经济出版社2001年12月第1版,第357—358页。

4. 吴承明,董志凯主编:《中华人民共和国经济史(1949—1952)》,中国财政经济出版社2001年12月第1版,第359页。

5. 吴承明,董志凯主编:《中华人民共和国经济史

第五章
演化：私人原始资本积累与城乡二元结构下工业品下乡

(1949—1952)》，中国财政经济出版社 2001 年 12 月第 1 版，第 864 页。

6. 何光：《当代中国的劳动力管理》，中国社会科学出版社 1990 年版，第 4 页；转引自吴承明，董志凯主编：《中华人民共和国经济史（1949—1952）》，中国财政经济出版社 2001 年 12 月第 1 版，第 866 页。

7.《陈云文选（1949—1952）》，人民出版社 1984 年版，第 113 页；转引自吴承明，董志凯主编：《中华人民共和国经济史（1949—1952）》，中国财政经济出版社 2001 年 12 月第 1 版，第 390 页。

8. 吴承明，董志凯主编：《中华人民共和国经济史（1949—1952）》，中国财政经济出版社 2001 年 12 月第 1 版，第 388 页。

9. 吴承明，董志凯主编：《中华人民共和国经济史（1949—1952）》，中国财政经济出版社 2001 年 12 月第 1 版，第 388 页。

10. 吴承明，董志凯主编：《中华人民共和国经济史（1949—1952）》，中国财政经济出版社 2001 年 12 月第 1 版，第 384—385 页。

11. 国家统计局编：《商业统计资料汇编（1950—1957）》综合本，1958 年 10 月 1 日；转引自吴承明，董志凯主编：《中华人民共和国经济史（1949—1952）》，中国财政经济出版社2001年12月第1版，第401页。

12. 国家统计局：《中国商业历史资料汇编》，1963年8月；转引自陈廷煊：《国民经济恢复时期（1949—1952年）的商品市场与物价管理》，《中国经济史研究》1995年第2期。为了前后数据口径一致，此处皆为旧币。

13.《统计工作》资料室：《解放后全国工农业商品价格"剪刀差"变化情况》，《统计工作》1957年第17期。

14. 国家统计局：《商业统计资料汇编（1950—1957）》综合本，1958年10月1日；转引自吴承明，董志凯主编：《中华人民共和国经济史（1949—1952）》，社会科学文献出版社2010年1月第1版，第293页。

15. 贺水金：《试论建国初期的通货膨胀及其成功治理》，《史林》2008年第4期；其中人民币流通数据来源于中国人民银行：《关于目前货币流通情况与一九五三年货币发行问题的报告》，1953年3月18日。

16. 吴承明，董志凯主编：《中华人民共和国经济史(1949—1952)》，中国财政经济出版社2001年12月第1版，第361页。

17. 比如：严瑞珍，龚道广，周志祥，毕宝德：《中国工农业产品价格"剪刀差"的现状、发展趋势及对策》，《经济

第五章
演化：私人原始资本积累与城乡二元结构下工业品下乡

研究》1990年第2期；崔晓黎：《统购统销与工业积累》，《中国经济史研究》1988年第4期；温铁军：《中国农村基本经济制度研究》，中国经济出版社2000年版；韩兆洲：《工农业产品价格"剪刀差"的计量方法研究》，《统计研究》1993年第1期；江苏省农调队课题组：《中国农村经济调研报告》，中国统计出版社2003年版；苏海南：《保障农民工的劳动报酬权》，《中国劳动》2006年第9期；国务院研究室课题组：《中国农民工调研报告》，中国言实出版社2006年版；李艳玲，李录堂：《农民工工资"剪刀差"的产生原因及对策》，《安徽农业科学》2008年第5期等。

18. 温铁军：《理解中国的小农》，《四千年农夫》中文版序，东方出版社2011年版。

19.《1949—1952中华人民共和国经济档案资料选编·商业卷》，中国物资出版社1995年版，第338—365页；转引自吴承明，董志凯主编：《中华人民共和国经济史（1949—1952）》，中国财政经济出版社2001年12月第1版，第656页。

20. 20世纪80年代邓小平推行的家庭承包制也是"只均田，不免赋"。新中国的农业税及其附加直到2004—2006年才全面免除。至此，历经57年完成了历史上都会实行的均田免赋。

21. 吴承明,董志凯主编:《中华人民共和国经济史(1949—1952)》,中国财政经济出版社2001年12月第1版,第402页。为和前文货币单位一致,这里统一使用旧币。

22.《1949—1952中华人民共和国经济档案资料选编·商业卷》,中国物资出版社1995年版,第549—636页;转引自吴承明,董志凯主编:《中华人民共和国经济史(1949—1952)》,中国财政经济出版社2001年12月第1版,第670—672页。

23. 作者在1999年提出、2004年进一步阐述了,关于两个规模主体的观点。参见《解构现代化——温铁军演讲录》,广东人民出版社2004年5月第1版,第77页;《中国农村经济制度研究——三农问题的世纪反思》,中国经济出版社2000年5月第1版,第95、107页。

● 第六章 ●

转　型：
政府逆周期调节、国家资本崛起与"三反""五反"

第六章
转型：政府逆周期调节、国家资本崛起与"三反""五反"

1949—1950年政府打击高通胀、以"三折实"构建国家财政金融基础之后，私人资本为主的实体经济发展，按理说应该得到了"相对稳定的外部环境"，中国可以由此进入加快工商业资本原始积累的阶段。

但是，除了前文所说"任何打击投机倒把之后都会紧跟着发生萧条"以及"城乡二元结构对工业化资本原始积累具有天然消解作用"之外，还有一个问题很少被讨论：

尽管在国家层次上，发展私人工商业为主的民族资本主义是紧迫的战略性任务，但从那时到现在却几乎没有官方马克思主义理论者公开讨论过"任何工商业资本的原始积累在任何地方在实质上都是个剥削过程"，即使这在中国被认为是发展"新民主主义"，其作为私人资本原始积累的质的规定，也仍然使这个发展模式内生地演化为剥削性过程。

于是，在资本势必最大化占有资源资本化收益，以及这个过程必然累积风险代价的规律作用下，**在伴随危机和萧条与生俱来的巨大的制度成本不能向革命之后的城市和农村劳动者直接转嫁的体制条件下，其内生的经济秩序混乱势必要在工商业资本集中的城市社会发生，也就是"硬着陆"长期化。** 即使政府直接出手进行逆周期调节，也不可能扭转营商环境劣化、经营者行为劣化的趋势，并且，这个混乱趋势还随着政府采购、加工订货等一系列救市措施蔓延到政府内部，发生官员贪污腐败。

恰是这些远远超出中共关于新民主主义理论设想的现实情况，构成了"三反""五反"运动的客观背景——中国在1949—1952年的民族工商业资本原始积累（亦称国民经济恢复）期间，**几乎大部分城市都大量发生了商人假冒伪劣、投机倒把和政府官员贪污贿赂、徇私舞弊的情况，并且因其直接影响抗美援朝战争的后勤军需保障而使矛盾激化**，遂有毛泽东为首的中央政府要求在城市立足未稳然而却掌握着重要物资分配的各地政府，挟"革命余威"在政府内部和资本主义工商业者中间有针对性地开展"三反""五反"等群众运动。

更值得关注的还有东北的"制度变迁"试验：在东北地区，抗美援朝战争爆发，苏联的战略性援助开始进入，使得**国家资本地位陡然抬升，并且比私人资本更名正言顺也更多地占有剩余**，遂对私人资本构成对立竞争关系。此时，**战争压力下的政府在私人与国家两种资本之间做出选择，而推行了统购统销的制度变迁。**

1953年之后，随着苏联援助大规模在全国范围内全面展开，始于东北的统购统销也在全国范围内全面实施……[1]

第六章
转型：政府逆周期调节、国家资本崛起与"三反""五反"

一、第一次逆周期调节

面对平抑物价之后城乡市场疲软、产品滞销，1950年4月8日，中央人民政府委员会召开第七次会议，针对当时出现的全国性的工商业困难，讨论解决的办法和对策。毛泽东在会上指出："在今后几个月内，政府财经工作的重点，应当在调整公营企业和私营企业以及公私企业各部门的相互关系方面，努力克服无政府状态。"[2]这是新民主主义阶段，政府对私人资本发展中的问题做调整的指导思想。

4月12日，在折实公债顺利发行、物价总体稳定的情况下，中财委党组会议决定把重心从财政方面转到恢复发展经济上，确定要从贷款、税收、原材料供应、运输等方面扶持私营工商业的发展。5月初，中财委提出了若干具体措施，如放松银根，扩大加工订货，扩大农产品收购、增加农民购买力、组织工业品出口，增加工业资金周转，举办失业救济，减少私营工业盲目性等。

6月，中共中央七届三中全会上，毛泽东继续强调发展资本主义："要获得财政经济情况的根本好转，需要三个条件，即：（一）土地改革的完成；（二）现有工商业的合理调整；（三）国家机构所需经费的大量节减……**有些人认为可以提早**

消灭资本主义实行社会主义，这种思想是错误的，是不适合我们国家的情况的。"[3]

对这个坚持发展私人资本主义经济的指导思想的贯彻，构成新政府为发展私人工商业资本的第一次逆周期政策调整。

实际操作过程中值得注意的有三点。

一是市场经济缺乏主体条件下政府直接担任市场主体。前述推进城乡市场交流虽然也是政府逆周期调节的重要措施，但是，也如前文分析：由于土改是按人口均分土地，消灭了农村中原来的规模生产主体富农和规模流通主体地主，而新的农业规模经营主体尚未形成，农村对工业部门生产的农业生产资料的需求有限，因此**决策者所设想的工业品下乡并未取得预期效果，这项措施直到1952年对于促进城市工商业复苏的作用都比较有限**。相比之下，政府通过扩张财政支出直接拉动内需见效更快、效果更显著。

二是政府统筹使用财政金融手段"定向做多"。[4]新中国是在成功治理高通胀、拥有完全金融主权之后，才获得这一逆周期操作的"许可证"。由于直到1998年之前中国的"财政和金融不分家"在所谓举国体制中都占据核心地位，所以**新政府在逆周期调节中得以将"宽金融"政策与"宽财政"政策统筹使用**，除了增加贷款等一般性的货币手段以外，相当多的货币是有着明确的投放领域和指向的，甚至很多货币通过财政

第六章
转型：政府逆周期调节、国家资本崛起与"三反""五反"

手段直接投放；在抗美援朝战争爆发后，政府对物资配给、资源配置的主导作用更趋强化。

三是政治运动配合经济调控。第一次工商业调整政策启动不久，新政府就不得不面对地缘环境改变带来的挑战，工商业恢复期政府财政扩张的客观需求与抗美援朝战争导致的刚性财政支出，对政府财政形成双重压力。这也是"增产节约"运动和"三反""五反"运动的客观背景之一。既然"政治是经济的集中表现"，则二者之间并不矛盾。最大的政治是1950年6月朝鲜战争爆发、10月中国人民志愿军入朝作战，战争需求极大地拉动了工业生产和农产品采购；但同时又要求这些工农业产品不能沾有资本原始积累的"原罪"，显然这与私营资本主义工商业的自发趋势之间是冲突的。这是"增产节约"运动和"三反""五反"运动的客观背景之二。

本小节以下内容着重介绍前两个要点，第三个要点放在下一小节分析。

政府逆周期调节主要手段之一的加工订货，最早始于1949年12月份对"米棉之战"后陷入危困中的上海工商业的解救。

1949年11月25日起上海物价稳中有降之后，那些先前大量举债囤货的投机者，想抛货还债却"愈抛愈贱，愈不易脱手"，因此，"物价虽贱，银根仍紧"，很多厂商周转不灵，难以维持。12月8日，中财委拨给华东500亿贷款，但在通胀没有得到根本控制的情况下，要求大部分资金用于收购厂家商品，这样既能帮助厂家提高流动性，又能有效避免资金再次进入投机市场（见专栏25）。

这个经验对于今天中央屡次强调防止金融脱实向虚的问题，也颇有可借鉴之处。

专栏25　帮助上海工商业解困开"加工订货"之先河

在1949年10月15日至11月25日的全国物价大波动中，上海工商界出于多年积习，对物价波动的程度作了过分的估计，以为人民币会有更大下跌，利息将赶不上物价涨得快，于是投机者举债买货，一般厂主宁肯举债开支（如发工资等），也不肯卖货，利息重至每借一元，月息二元。

然而，事实出乎他们意外，11月25日起物价稳而且降，迫使他们不得不抛货还债，结果是愈抛愈贱，愈不易脱手，急于举新债以还旧债者也愈多。因此，物价虽跌，银根仍紧，利息仍高，许多厂商周转不灵，叫苦连天。

12月3日，上海市委致电中共中央称，上海有许多

第六章
转型：政府逆周期调节、国家资本崛起与"三反""五反"

大型、中型工厂负债甚多，难于维持，要求政府贷款，否则有大批倒闭的危险。12月8日，中财委拨给华东500亿，大部分用作收购上海厂家商品，小部分用作贷款，以解这部分私营工商业者的燃眉之急。

此时毛泽东已在苏联访问，谈判中长铁路等问题并谋求苏联对中国的贷款援助。他看到上海市委的电报后电询陈云："上海工商业家是否确有这样大的困难，政府是否已允许贷款及贷给多少，资本家叫得那样凶是否符合实际情况，是否有借此抵制公债的意图？"陈云复电毛泽东，实事求是地分析了上海厂商困难的原因，认为"十二月初上海工商界的叫喊，也带有哭穷和少买公债的企图，但当时银根紧，周转不灵，确是主要的"。陈云还告诉毛泽东，中财委12月8日拨给华东500亿元已解救了上海工商界遭遇的危机，现在准备续拨1 000亿元以解决上海工商界的困难。

这次解决上海工商界的困难，虽只限于一地，但采用的由国家收购厂家商品的做法，开了后来"加工订货"的先河。

资料来源：金冲及、陈群主编：《陈云传（上）》，中央文献出版社2005年版，第688—689页。

整体上看，1950年遏制通胀之后政府通过委托加工、统购包销等方式，对私营工商业扩大采购支出，很快取得了成效，有效地改变了私营工商业的"无政府状态"(毛泽东语)。1949年占全国私营工业总产值比重近1/3的棉纱织业，**1950年下半年国家向其加工订货部分占其生产能力的70%以上。**[5]

根据《1949—1952中华人民共和国经济档案资料选编·工商体制卷》数据——1949年，全部私营工业总产值中加工、订货、包销、收购价值占比为11.88%，**1952年已经上升到56.04%**；相应地，自产自销占比则从88.12%下降到43.96%。

分年度来看：

1950年全部私营工业总产值仅增长了6.59%，但加工、订货、包销、收购价值增长了158.6%，在总产值中占比增加了17个百分点，达到28.83%；自产自销价值下降了13.91%，占比下降为71.17%。

1951年是私营工商业的黄金时期，但政府的拉动作用仍然是增长的第一动力，加工、订货、包销、收购价值增长了106%，在总产值中占比上升到42.71%；自产自销部分仅增长了11.9%，在总产值中占比为57.29%。

1952年，加工、订货、包销、收购价值增长了36.49%，

第六章
转型：政府逆周期调节、国家资本崛起与"三反""五反"

在总产值中占比首次超过50%；自产自销产值则比上年下降了20.17%。[6]（见表6-1）

表6-1　1949—1952年私营工业总产值的构成

单位：千元（旧币）

年份	1949	1950	1951	1952
全部私营工业总产值	6 828 160	7 278 260	10 118 360	10 526 109
加工、订货、包销、收购价值	811 410	2 098 310	4 321 459	5 898 365
加工、订货占总产值（%）	11.88	28.83	42.71	56.04
自产自销价值	6 016 750	5 179 950	5 796 901	4 627 744
自产自销占总产值（%）	88.12	71.17	57.29	43.96

资料来源：《1949—1952中华人民共和国经济档案资料选编·工商体制卷》，中国社会科学出版社1993年版，第739页；转引自吴承明，董志凯主编：《中华人民共和国经济史（1949—1952）》，中国财政经济出版社2001年12月第1版，第572页。

总之，在政府"定向做多"的政策调节下，民族资本得到很大发展，不到半年，私营工商业户就从"歇业多、开业少"转变为"开业多、歇业少"。据上海、北京、天津、武汉、广州、重庆、西安、济南、无锡、张家口10个城市的统计，1950年下半年，私营工商业共开业32 674家，歇业7 451家，开业超过歇业25 223家；1950年第三、四季度这10大城市私营工商业的税收，分别比第一季度增加了90%和80%。上海1950年8月、9月、10月3个月平均，工业的申请开业户比 4 月份增加了 28 倍,商业的申请开业户是 4 月份的 17 倍,而申请歇业户仅为 4 月份的12%。主要产品产量指数变化情况见表 6-2。[7]

表 6-2　1950 年 4—12 月上海市主要工业品产量指数的变化

1950 年 1 月产量 =100

产品名称	1月	4月	8月	12月
棉纱	100	94	106	176
毛纱	100	75	104	319
面粉	100	19	98	127
化学胶	100	59	87	161
颜料与染料	100	61	160	113
玻璃	100	60	221	292
水泥	100	113	247	413

资料来源:孙怀人:《上海社会主义经济建设发展简史(1948—1985年)》,上海人民出版社 1990 年版,第 64 页;转引自萧国亮,隋福民:《中华人民共和国经济史(1949—2010)》,北京大学出版社 2011 年版,第 59 页。

从以上数据变化可见,加工订货、统购包销等国家干预的初级形式,在经济疲软时,特别是在建国初期,民族资本主义产业结构面临转型和农村土改回归传统,而导致城市资本品无法顺利下乡的情况下,对于缓解民族资本主义产业结构性过剩和市场疲软,具有重要的积极意义。

从以上数据变化也可见,**新政府及其领导人在应对旧、新两种危机之中,不断形成对经济体制的认识和对经济运行的调**

第六章
转型：政府逆周期调节、国家资本崛起与"三反""五反"

控能力。因此，建国初期的战略性转变——私人资本为主的"新民主主义发展战略"改为国家资本为主的"社会主义过渡时期"，尽管有官方意识形态化的表达，却并非受意识形态所左右；最主要的原因是前者在实施中遭遇重重困境。可以认为，这一转变主要是1949年以来新政府在政治经济客观演变之中不断做适应性调整的最终结果，绝非仅仅是某个领导人从某种意识形态出发的主观愿望使然。据此，便不难理解毛泽东在1953年阐述社会主义过渡总路线时所说的：社会主义改造从1949年中华人民共和国成立就开始了。

二、抗美援朝与"三反""五反"

如前所述，政府开展的具有逆周期经济调节内涵的工商业调整，客观上把民族资本主义工商业资本原始积累的矛盾也化解在经济增长之中了，这本是发展经济学的一般道理。

但是，与国内1950年的年中开始实施逆周期调节措施几乎同时，朝鲜战争爆发；同年10月，国内工商业刚刚企稳回升的时候，中国政府决定抗美援朝，数十万大军开赴朝鲜。如此，就把刚刚走出国内战争重负的财经体系再一次拉回到战争状态，不仅要求国内资源、资本尽可能地集中于战争所需的重工业和军工业，势所必然地导致财政预算再次严重吃紧；而且要求政府把本来可以用于经济、文化和其他事业的财力、物力和人力转用于国防。由此，经济建设因财力、物力的限制而不能迅速开展，有关支出被挤到第二位。据1951年秋匡算，该年财政支出将较原概算增加75%，其中军事费用为55%。[8]朝鲜战争相关财政支出见表6-3。

表6-3　1950—1952年经济建设费和国防费在国家财政支出中的比重

年份	绝对数（万亿元）			比重（%）	
	财政支出	经济建设费	国防费	经济建设费	国防费
1950	68.1	17.36	28.01	25.4	41.1
1951	122.5	35.11	52.64	28.7	43.0
1952	176.0	73.23	57.84	41.6	32.8

资料来源：《中国统计年鉴（1992）》，中国统计出版社1992年版，第215、220页；转引自董志凯：《共和国经济风云回眸》，中国社会科学出版社2009年版，第79页。本书引用时转换成当时的币值单位。

因为军费的大规模上升和重工业、军工战略投资的需要，国家不得不在城乡分别采取了一系列财政增收节支的措施。

政府在农村增收的具体措施有：（1）1951年4月1日，财政部开征棉纱统销税，并于同日发布《棉纱棉布存货补税办法》，对棉纱棉布存货予以补税，两税税率均为6%；（2）1951年7月8日，政务院发出《关于追加农业税征收概算的指

第六章
转型：政府逆周期调节、国家资本崛起与"三反""五反"

示》，决定农业税照原概算增收 1/10，最低税率由 1950 年的 3%提高为 5%，老解放区继续实行比例税制；(3) 压低粮食价格，扩大工农业产品的"剪刀差"。

但是，如前所述，在农村负担本已不轻的情况下，政府通过增加粮食、棉花等农产品的税收和收购量进一步从农村提取剩余实现财政增收的空间并不大（由于支出基数小且由农村自行负担，节支几乎没有余地）；并且，这些措施客观上增加了工业品下乡的制度障碍——农民现金收入增速小于工业品产量增速，农民购买力增长相对迟缓，已经实现结构调整的城市工商业产品无法顺畅下乡。[9]

在城市，随着战争的进行，中央政府将东北等地区较早开展的"增产节约"运动经验面向全国推广，要求全国各行业、各部门压缩成本、提高效率、增加产量，主要做法是核定消费定额，压缩消费支出；对向私商进行的军需品和基础设施建设材料加工订货时严格控制私商能够获得的利润。

从其名称"爱国增产节约运动"可知，这是一场以爱国名义发起的全民动员。

但随着运动的开展，一些私商认为，政府采购价与市场价格之间有较大差价，自己连番受到"不公"待遇：先是因政府集中打击通货膨胀而承受压力，如贷款困难、采购限制等，并因此要承受较高的生产成本；继而又遭遇到产品下乡困难与价格被严格限制的两重压力。

很多客观经验表明：任何属性的企业在危机发生、经营风险增大的情况下，都会有一般经营风险大量演化为道德风险的趋势；此时，如果主观上对政策环境多有不满，则更易于诱发道德风险以及政治风险。

若据此看，这个时期的私人企业确实出现了不良倾向，更多地转向以不正当手段来牟利，假冒伪劣、以次充好、偷税漏税等手段盛行，遂使资本主义原始积累内生的"制度成本"骤然放大并在城市集中表现。**同期，这些不良倾向与政府人员的各种权力寻租行为结合在一起，客观上构成了对抗美援朝战争的负面影响。**

由此引发的重要机制变化值得注意。通常，面对一般的分散性市场需求，私营工商业可以"店大欺客""劣币驱逐良币"，从而**使制度成本由全社会分散承担，总的"负反馈"并不会立即爆发**；即使是政府采购的物资，也会经由政府的分配渠道而使制度成本在社会民众中摊薄。但是，**在战争背景下，政府加工订货、包销收购等获得的工业品对接的是规模化的国防战备需求，物资优劣的信息不仅是集中并且透明的，而且可以很快回溯追踪到每一个供给商**；尤其是那些假冒伪劣、以次充好的物品，可以几乎瞬时地从前线反馈给后勤保障部门。

当民族资本主义产生的资本原始积累的制度成本集中表现

第六章
转型：政府逆周期调节、国家资本崛起与"三反""五反"

在国防战争领域，其与国家安全的对抗性矛盾就表现得极为直接乃至不可调和。面对这一不可回避的矛盾，在当时的条件下恐怕没有人敢说，资本家利益比前线打仗更重要。这一点，是对中共高层中那些坚持发展民族资本主义的领导人当年也赞同"三反""五反"运动的理性解释。

尽管从资本运动的逻辑上，"三反""五反"运动所针对的问题基本是同时发生的，但在实际过程中，却是依次展开的，内在体现了矛盾暴露的递进性。

首先在1951年年末发起的是"三反"运动。

现有党史资料对"三反"运动发生脉络的描述大同小异，大体可以概括为：在群众广泛参加的增产节约运动中，各地政府、国企以及事业单位中的贪污、浪费和官僚主义行为被大量揭发检举，对此，**毛泽东在1951年年底决定针对性地发起"三反"运动**。1951年12月1日，中共中央做出了《关于实行精兵简政、增产节约，反对贪污、反对浪费和反对官僚主义的决定》，这是开展"三反"运动的动员令。[10]

接续而来的是在1952年年初确定的"五反"运动。

"三反"运动揭发和查处贪污分子的过程中，不断发现许多违法行为与社会上不法资本家的违法活动直接相关。早在1951年11月1日，东北局在写给中央的《关于开展增产节约运动进一步深入反贪污、反浪费、反官僚主义斗争的报告》

中就提到：**从两个月来所揭发的许多贪污材料中还可以看出，一切重大贪污案件的共同特点是私商和蜕化分子相勾结，共同盗窃国家财产。**因此，在"三反"运动开始后不久，中共中央发起了"五反"运动以打击经济领域的不法行为。[11]1952年1月26日，毛泽东为中央起草了《关于在城市中限期展开大规模的坚决彻底的"五反"斗争的指示》，"五反"运动全面开展。[12]（见专栏26）

专栏26 "三反""五反"运动始末

"三反"运动

"三反"运动直接发端于为支援抗美援朝战争而在全国开展的爱国增产运动。在运动中，各地都揭露出触目惊心的贪污、浪费和官僚主义问题。

1951年11月1日，中共中央东北局第一书记高岗向中央作《关于开展增产节约运动进一步深入反贪污、反浪费、反官僚主义斗争的报告》，引起了毛泽东的重视："……中央认为这个报告是正确的。请你们重视这个报告中所述的各项经验，在此次全国规模的增产节约运动中进行坚决的反贪污、反浪费、反官僚主义斗争……"

11月29日，薄一波、刘澜涛向毛泽东和党中央作了关于天津地委主要负责人严重贪污、浪费情况的书面

第六章
转型:政府逆周期调节、国家资本崛起与"三反""五反"

报告。这更加引起毛泽东和中央关注,并于第二天转发各中央局。毛泽东在批语中指出:"……必须严重地注意干部被资产阶级腐蚀发生严重贪污行为这一事实,注意发现、揭露和惩处,并须当作一场大斗争来处理。"

12月1日,中央作了《关于实行精兵简政、增产节约,反对贪污、反对浪费和反对官僚主义的决定》,"三反"运动正式拉开序幕。

1952年1月,"三反"运动重心放在清查、打击严重贪污分子上,也即"打虎"阶段。贪污旧币1亿元以上的大贪污犯叫"大老虎",1亿元以下1 000万元以上的叫"小老虎"。

此后的"三反"运动大致经历了三个阶段:1月到2月主要为检举揭发阶段;3、4月份为处理阶段;6月定案处理基本结束之后,进入收尾阶段。1952年10月25日,中共中央批准了中央政治研究室《关于结束"三反"运动的报告》,宣告"三反"运动结束。

据相关统计,**全国县以上党政机关参加"三反"运动的总人数为383多万人(未包括军队)**。贪污1 000万元以上的10万余人,约占参加运动总人数的2.7%。判处有期徒刑的9 942人,判处无期徒刑的67人,判处死缓的9人,判处死刑的42人。

"五反"运动

1951年12月31日，薄一波向毛泽东汇报"三反"情况，当说到资本家往往用给回扣的办法收买拉拢采购人员时，毛泽东插话说："这件事不仅要在机关检查，而且应在商人中进行工作。**过去土地改革中，我们是保护工商业的，现在应该有区别，对于不法商人要斗争。**"1952年1月26日，毛泽东为中央起草了《关于在城市中限期展开大规模的坚决彻底的"五反"斗争的指示》，指示要求："在全国一切城市，首先在大城市和中等城市中，依靠工人阶级，团结守法的资产阶级及其他市民，**向着违法的资产阶级开展一个大规模的坚决的彻底的反对行贿、反对偷税漏税、反对盗骗国家财产、反对偷工减料和反对盗窃经济情报（合称'五毒'）的斗争**，以配合党政军民内部的反对贪污、反对浪费、反对官僚主义的斗争，现在是极为必要和极为适时的。"至此，"五反"运动全面展开。

2月上旬，"五反"运动首先在各大城市展开，随后迅速扩展到各中小城市，形成了反资本家"五毒"的高潮。鉴于发生了过激行为且将演化为一种趋势，3月5日，毛泽东将《北京市委关于"五反"运动中对工商户分类处理的标准和办法》转批各地，将私人工商户的类

第六章
转型：政府逆周期调节、国家资本崛起与"三反""五反"

型增加为五类，前三类（守法、基本守法、半违法）约占95%，后两类（严重违法、完全违法）约占5%；要求检查工商户必须由市一级严密控制，各机关不得自由派人检查，更不得随便捉人审讯。经过重新准备，3月25日，上海的"五反"运动正式开始。

10月25日，中央转批了中央政治研究室关于结束"五反"问题的报告。报告指出：根据华北、东北、华东、西北、中南5大区67个城市和西南全区的统计，**参加"五反"运动的工商户总共有999 707户，受到刑事处分的1 509人，判处死刑和死缓的19人。**

资料来源：何永红：《"五反"运动研究》，中共党史出版社2006年版；王顺生，李军：《"三反"运动研究》，中共党史出版社2006年版。

"五反"运动中揭露的资本家的违法活动主要有：行贿、偷税漏税、盗骗国家财产、偷工减料、盗窃国家经济情报，当时简称"五毒"行为。以上行为涉及面相当广。就偷税漏税而言，据国家税务局1950年在缴纳第一期营业税后的典型调查提供的资料，上海3 510家纳税户中，有逃税行为的占99%；天津1 807户中，有偷税漏税行为的占82%。又据北京市 1952 年的调查，大约有 13 087 户、占 26% 的工商户有不同程度的行贿行为。据 1952 年上半年"五反"运动期间的材料，北京、天津、上海等 9 大城市 45 万多户私营工商业主中，不同程度犯有以上违法行为的就有 34 万户，占总户数的 76%。[13]（具体案例见专栏 27）

从数据看，对资本家的刑事处理人数远小于干部，但前者违法犯罪的情况严重得多。

专栏 27 "三反""五反"运动之前民族资本原始积累制度成本的主要表现

1. 在承建国家工程、完成加工订货任务中偷工减料，弄虚作假。

例如，在治淮水利工程中，承包商不顾工程质量，用旧料充新料、次料充好料，大量盗窃国家的治淮资财。1952 年，河南省治淮总部在上海招商代办工程和采购工程器材，所花费用为 500 多亿元（旧币），其中被上海奸商侵吞、讹诈和盗窃的就达一百数十亿元（旧币）。①

又如，抗美援朝战争开始后，前方紧急需要急救包，政府将相当一部分急救包的任务交给了私商，上海不法私商在制作急救包时，置志愿军干部战士的生死于脑后，将使用过的废旧棉花连消毒处理都不做就塞了进

第六章

转型：政府逆周期调节、国家资本崛起与"三反""五反"

去，送往前方。

2. 偷税漏税行为普遍。

据国家税务局 1950 年在缴纳第一期营业税后的典型调查中提供的资料，上海 3 510 家纳税户中，有逃税行为的占 99%；天津 1 807 户中，有偷税漏税行为的占 82%。又据北京市 1952 年调查，大约有 13 087 户、占 26% 的工商户有不同程度的行贿行为。②

3. 行贿和官商勾结现象异常严重。

武汉 109 家商号用行贿的办法拉拢干部，获取国家资财达 1 300 多亿元（旧币），其中 27 户用 4 亿元收买了 430 多名干部，其中 22 人成了他们的坐探。北京市 1952 年的调查，全市共有 1.3 万多户工商业者有过行贿行为，占全市工商户总户数的 26% 以上，其中行贿在 1 亿元以上者 169 户。天津的不法资本家总结了一套行贿经验，即："问钟点，就送表；吸烟找洋火，就送打火机；身体弱，送元鱼；好打牌，赢了钱带走，输了给下账；爱面子，暗地里送；送结婚戒指，送小孩衣服，送满月鸡蛋，直到送干部父母棺材料子；包妓女，包舞女，以至赔上女儿、老婆。"东北人民政府卫生部医政处处长李廷琳勾结私商光明药行经理丛志丰共同作弊，高价卖给公家，低价从公家买出，投机倒把，伪造发票、偷税、报假账，总计使国家损失人民币约61.3亿元（旧币）[3]……

资料来源：[1]《新华月报》1952年3月号，第34、39页；转引自吴承明，董志凯主编：《中华人民共和国经济史（1949—1952）》，中国财政经济出版社2001年12月第1版，第428页。

[2]《新华月报》1952年4月号，第20页；转引自吴承明，董志凯主编：《中华人民共和国经济史（1949—1952）》，中国财政经济出版社2001年12月第1版，第428页。

[3]何永红：《"五反"运动研究》，中共党史出版社2006年版，第56—57页。

"三反""五反"运动不仅清肃了种种营商和政府寻租劣行，对减少浪费、偷漏，推动增产节约也有显著效果。

陈云1952年4月在政务会和中央人民政府委员会上报告财经问题时，以实际例子充分肯定开展"三反""五反"运动的必要性。他说：

"西北财委在'三反'以前准备建一个纱厂，第一次预算是3 200亿元，后又增加到3 800亿元。可是，在'三反'以

第六章
转型：政府逆周期调节、国家资本崛起与"三反""五反"

后，他们的预算就降到了 3 150 亿元。盖房子，以前每平方米造价 80 万元，现在只要 60 万元就行了。火车运输，一般标准，一个车皮可以装 30 吨。由于以前打包不讲究，打得很松，一个车皮就装不了那么多。'三反'后，大家一开会、一研究，把包打得很紧，一个车皮可以装三十四五吨，车皮的使用率提高了。朝鲜战场上的作战费也有了减少。以前把汽油拉到前方，油桶不带回来，每个油桶值 60 万元人民币。现在想办法把油桶带回来，就省了一大笔钱。总之，**各部门在'三反''五反'后所定的用钱数目，比以前节省 20%，仍可以完成同样的工作量。**

"第一季度，财政部除还了银行 3.1 万亿的老债以外，还余下了 7 万亿，共计增加了 10 万亿。这是一件极大的事情。中央人民政府成立两年多来，财政部总是收入不够支出，到处借钱；去年用的钱太多，中财委曾经把这种情况报告过毛主席和周总理，说用钱太多，照这样下去，到今年三月，我们的物价平稳就保持不住了。现在三月已经过去了，但是情况很好。如果问我睡好觉睡不好觉，我可以告诉大家，我睡得很好，因为财政部现在还存着 7 万亿。所以'三反''五反'对于财政的效果是很大的。"[14]

《人民日报》1952 年年底报道："增产节约运动推动各企业进一步改进了市场管理工作。今年六月间，抚顺矿务局不肯接受增产十万吨煤的任务；增产节约运动开始后，经过全矿职工的详细计算，可增产二十万吨。该局并采取了一些措施，改造了生产管理，提高了掘进和回收效率，还可以再增产十五万吨。""各企业广大职工在增产节约运动中发挥了极大的积极性和创造性。唐山钢厂炼钢工助手蔡连成创造了'先深吹，后面吹'的转炉操作法，使生铁消耗率大大降低，全年可节约二百零三亿八千万元。"[15]

根据中财委1952年11月29日所作的《关于增产节约的报告》，1952年全国增产节约的直接效益大致是：全国增产节约总值共317 789亿元（商业部增加的销货额136 769亿元不包括在内），其中：增产总值116 608亿元，增产利润21 956亿元（缺中南和内蒙古增产利润数据）；降低生产成本节约112 576亿元，降低基本建设成本节约24 544亿元，两项共计节约137 120亿元；因加速资金周转和减少超额储备共节约流动资金64 061亿元。分地区来看，增产节约运动的成绩与国营企业的实力呈密切的正相关关系，东北所取得的成绩在全国所占比重最大，为51.9%。[16]

三、第二次逆周期调节

大多数文献在谈到"三反""五反"运动时，都会使用

第六章
转型：政府逆周期调节、国家资本崛起与"三反""五反"

"过激"一词。诚然，从事件本身看，确实存在着过激的现象和后果。比如，上海作为民族资本家最集中的城市，在1952年2月25日，薄一波到达上海主持华东局工作之前，上海的"五反"运动已经逮捕了200多人，发生资本家自杀事件48起，死亡34人。除上海以外，沈阳、北京、天津、重庆、武汉、广州等工商业较为集中的城市也都有自杀现象发生，特别是刚刚率船队回到大陆不久的著名爱国实业家卢作孚在公司"五反"动员大会上受到员工批判，当晚在重庆家中服安眠药自杀，引起了北京高层的震动……[17]

然而，也应该从这些现象中反思社会矛盾的复杂性。

从社会阶层特征来看，**乡村中的土地改革与城市中的"三反""五反"运动在针对的对象上具有同质性，都是相对于一般大众而言的"精英"群体。**

也因此，无论乡土中国还是城市社会，在城乡小资产阶级为主体的、借助官方政治运动来斗争身边精英分子的过程中，一般都表现出运动激进性甚至暴力性。这个情况，是我们不能简单化地、不加分析地肯定政治运动的原因之一。此后中国大众参与的政治史经验也证明，**无论在这个"小资产阶级的汪洋大海"（毛泽东语）中照搬何种西方意识形态，都会助推"小资革命暴力化"。**不幸的是，本书这个观点，又被后来的政治运动进一步证实……

不过，这些多被后人诟病的群众运动之最大遗憾，却从未被那些后知后觉的诟病者所论及——当时的政治家和企业家们都不可能先验地预见到的问题在于：**单纯依靠国内的城市群众运动，根本就不可能消化掉发生在城市经济中的民族资本原始积累所带来的制度成本——这才是大多数发展中国家虽然屡经动乱，却都未能在城市中完成工业化原始积累的病根所在！**

基于这个本质性的规律，我们也就**不难理解，中国在"五反"运动结束之后，经济再度陷入萧条。**

政府对应着采取的各种政策措施，可以被称为**"第二次工商业调整"**，主要包括调整加工订货的合理利润、明确和调整加工订货的规格、调整银行的贷款和利息、调整税收、调整劳资关系、调整公私商业比例等。

到1952年年底、1953年年初，第二次工商业调整初见成效。[18]

关于政府这次逆周期调整的具体内容，本书不再赘述，一方面是做法上并无新意，另一方面是有效存在时间太短，因为在这次调整之后随即推行的，就是举世瞩目的"社会主义改造"运动……

本书还想借此段历史过程的细节呈现提醒读者注意的是：人们在20世纪80年代经济改革以后才从官方文件中熟悉的、用来批评计划经济的所谓"一管就死、一放就乱"的循环，

第六章
转型：政府逆周期调节、国家资本崛起与"三反""五反"

其实早在1949—1952年这个以市场经济和私人资本为主的"国民经济恢复期"就完整地发生了一次。这个过程中政府相对有效的经验就是逆周期调节。这个两次使用的逆周期调节，不仅为1953年社会主义改造做了重要铺垫，也在后来的宏观调控中反复使用。

四、国家资本的初步壮大

本书最后要讨论的是1949—1952年国家资本的壮大。之所以放到最后，一是因为它是一个自然过程的结果，前述新政权的各种措施，最终都主要表现为国家资本的积累；二是因为它和1953年开始的"社会主义改造"具有天然的顺承性。

本书认为，**1949—1952年在城市经济体制演变中表现出来的、起决定作用的主要矛盾，仍然主要是国家和私人两种资本主体的资本原始积累的制度成本。**

一是民国官僚垄断资本在解放战争占领城市之后直接成为新中国的国家资本，二是政府通过发行国家信用货币对私营厂家物品采购部分形成的也是国家资本，三是朝鲜战争期间苏联援助的大量战略性投入也只能直接形成国家资本，由此，从国民经济的结构看，**1949—1952年期间增长最快的就是国家资本。**

数据表明，国营工业在全国工业总产值中的比重由34.2%上升为52.8%，公私合营工业由2%上升为5%，私人资本主义工业由63.3%下降为39.0%。[19]（见表6-4）

表6-4　1949—1952年全国公私营工业总产值变化指数

经济类型	公私比重变化情况（%）				总产值变化趋势（以1949年为100）			
	1949	1950	1951	1952	1949	1950	1951	1952
国营	34.2	44.5	44.9	52.8	100	169.7	246.6	387.1
合作社营	0.5	0.8	1.0	3.2	100	224.1	415.8	172.7
公私合营	2.0	2.9	4.0	5.0	100	188.7	367.2	622.5
私营	63.3	51.8	50.1	39.0	100	116.6	148.2	154.2
合计	100	100	100	100	100	130.4	187.5	250.6

资料来源：《1949—1952年中华人民共和国经济档案资料选编·工商体制卷》，中国社会科学出版社1993年版，第976页；转引自吴承明、董志凯主编：《中华人民共和国经济史（1949—1952）》，社会科学文献出版社2010年1月第1版，第182页。

朝鲜战争爆发之后，在苏联援助下国家资本迅速崛起，其与私人资本**两种资本此消彼长的趋势很明显，但在工业结构上具有一定互补性。**

据1949年统计，私人资本主义工业的产值虽然占全国工业总产值的63%，但主要集中于与民众日常消费关系密切的轻工业产品，在重工业中占比相对较低。（见图6-1）

1949—1952年，国营企业在重工业的地位进一步加强，

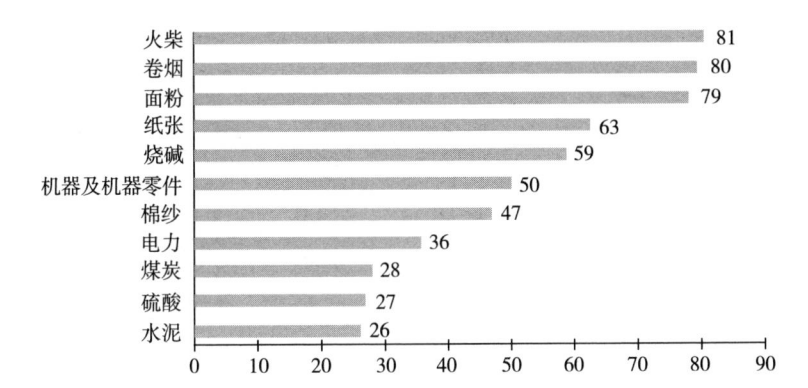

第六章
转型:政府逆周期调节、国家资本崛起与"三反""五反"

```
火柴            81
卷烟            80
面粉            79
纸张            63
烧碱            59
机器及机器零件     50
棉纱            47
电力            36
煤炭            28
硫酸            27
水泥            26
```

图6-1 1949年私人资本主义工业在各种主要工业品总产值中的占比

资料来源:吴承明,董志凯主编:《中华人民共和国经济史(1949—1952)》,中国财政经济出版社2010年1月第1版,第265页。

尤其是在1951年、1952年抗美援朝战争带来的影响下,几项重要的重工业迅速达到了行业垄断的水平。(见表6-5)

但是,与私人资本家赤裸裸的全社会转嫁资本原始积累的原罪不同,**国家资本在形成和扩张的初期制度成本相对温和,其主导的制度变迁成本也相对较低。**

表6-5 1949—1952年国营重工业部分产品产量在总产量中的比重(%)

年份	1949	1950	1951	1952
电力	57.66	64.07	83.25	88.29
原煤	68.18	66.53	66.08	84.58
钢	97.27	97.23	95.25	94.52
生铁(包括土铁)	91.74	92.00	91.44	96.45

(续表)

年份	1949	1950	1951	1952
钢材	82.79	85.83	84.33	83.09
硫酸	70.84	72.16	67.75	68.42
水泥	68.14	65.61	55.47	63.94
电动机	20.42	62.83	68.82	72.75
金属切削机床	75.34	69.47	37.08	46.64

注：原煤包括合作社的产量在内。

资料来源：《1949—1952年中华人民共和国经济档案资料选编·工商体制卷》，中国社会科学出版社1993年版，第977—979页；转引自吴承明，董志凯主编：《中华人民共和国经济史（1949—1952)》，社会科学文献出版社2010年1月第1版，第183页。

最主要的因素当属主权信用货币的发行。因政府通过多种手段促使纸币与实体经济相结合，也就得以多种方式获取"铸币税"。此外，本书认为还有以下几方面原因，这里只点到为止地提出：

1. 革命战争预付了制度成本。1949年10月以后新中国继续没收官僚资本和跨国企业在华投资，没收所得归属国家资本；而获取这种资本的成本是在此前革命战争中已经支付的流血牺牲的巨大代价，并不纳入国家资本的成本核算，无须任何占用国家资本的部门或利益集团再做支付。同理，由中央政府承接苏联的工业援助直接转为国家资本，也是在导致东亚地缘格局发生朝鲜战争的重要政治军事背景下发生的。

2. 土地改革预付了组织成本。土地改革及抗美援朝战争

第六章

转型：政府逆周期调节、国家资本崛起与"三反""五反"

都要靠提高社会"再组织化"来完成国家对民众的全面动员。这种组织化的动员能够把国家资本占有利益的实质隐身于国家任务的"宏大叙事"之中，从而有效地降低国家资本与分散个人之间的交易成本。

3. 恢复成本低于新建成本。从民国承接来的很多基础设施只是战争中部分损毁，在恢复性重建中国家财政只需支付部分建设成本而可以获得该设施的全部收益，因此账面经济收益增长很快。

4. 重化产业特征决定市场交易成本较低。国家资本主要集中在重工业部门，生产的是中间产品而非终端消费品，故此不必支付和农村终端市场过高的交易成本。

5. 国营企业员工福利待遇相对较高。国营企业单位不仅工资等福利待遇相对较高，就是劳动时间和休假福利等，也显著好于私营工商业，私营工商业中常见的劳资矛盾在国营企业单位要温和得多。

了解这些情况，利于理解我们将在后面的工作中讨论的重塑国家资本与私人资本关系的"社会主义改造"；也有利于理解，为什么**1953年确定的改造私人资本的办法是让私人资本长期获益的"赎买政策"，而不是采取革命手段对私人资本予以没收**。相比于1953年以后气势恢宏的私人资本改造和国家资本壮大，1949—1952年国家资本的发展诚然只是序曲……

注释

1. 20世纪50年代中国引进苏联技术设备投资中，1950—1952年完成3.2%，1953—1957年完成57.1%，1958—1959年完成39.6%。1950—1952年的引进投资主要放在东北地区。

2. 中共中央文献研究室、中央档案馆：《共和国走过的路——建国以来重要文献专题选集》，中央文献出版社1991年版，第120页；转引自吴承明、董志凯主编：《中华人民共和国经济史（1949—1952）》，社会科学文献出版社2010年1月第1版，第266页。

3.《毛泽东文集》第六卷，人民出版社1999年版，第71—73页；转引自吴承明、董志凯主编：《中华人民共和国经济史（1949—1952）》，社会科学文献出版社2010年1月第1版，第267页。

4. 本书认为，作为宏观调控的手段，"定向做多"比一般性的"量化宽松"政策更能有效贯彻政府目标。有兴趣的读者可以尝试将这段中华人民共和国成立初的实践经验，与2008年华尔街金融海啸之后各国政府相继采取的"量化宽松"政策和"定向量化宽松"政策进行比较。

5. 吴承明、董志凯主编：《中华人民共和国经济史（1949—1952）》，中国财政经济出版社2001年12月第1版，

第六章
转型：政府逆周期调节、国家资本崛起与"三反""五反"

第 367 页。

6.《1949—1952 中华人民共和国经济档案资料选编·工商体制卷》，中国社会科学出版社 1993 年版，第 739 页；转引自吴承明，董志凯主编：《中华人民共和国经济史（1949—1952)》，社会科学文献出版社 2010 年 1 月第 1 版，第 192 页。

7. 吴承明，董志凯主编：《中华人民共和国经济史（1949—1952)》，中国财政经济出版社 2001 年 12 月第 1 版，第 371 页。

8. 吴珏著，叶健君主编：《"三反""五反"运动纪实》，东方出版社 2014 年 5 月第 1 版，第 24—25 页。

9. 尽管个别地区在"爱国增产节约运动"中探索出了一些农业增产经验，但短时间内难以大面积推广，实现明显的增收效果。

10. 王顺生，李军：《"三反"运动研究》，中共党史出版社 2006 年版。

11. 吴承明，董志凯主编：《中华人民共和国经济史（1949—1952)》，中国财政经济出版社 2001 年 12 月第 1 版，第 407—427 页。

12. 何永红：《"五反"运动研究》，中共党史出版社 2006 年版。

13. 吴承明，董志凯主编：《中华人民共和国经济史

(1949—1952)》，社会科学文献出版社2010年版，第312页。

14. 金冲及、陈群主编：《陈云传》，中央文献出版社2005年版，第787—788页。

15.《在增产节约的有力推动下全国国营工业生产逐步上升》，《人民日报》1952年12月1日；转引自吴承明、董志凯主编：《中华人民共和国经济史（1949—1952)》，中国财政经济出版社2001年12月第1版，第428页。

16. 吴承明、董志凯主编：《中华人民共和国经济史（1949—1952)》，中国财政经济出版社2001年12月第1版，第433—436页。

17. 何永红：《"五反"运动研究》，中共党史出版社2006年版。

18. 吴承明、董志凯主编：《中华人民共和国经济史（1949—1952)》，中国财政经济出版社2001年12月第1版，第381、382页。

19. 胡绳：《中国共产党的七十年》，中共党史出版社1991年版，第339页。

● 第七章 ●

结 语：
对发展经济学的创新和
对发展中国家的启示

第七章
结语：对发展经济学的创新和对发展中国家的启示

民国转向现代化纸币信用的金融改革与当代金融"深改"类似，都是应对输入型危机的产物。其实，远在改成法币之前16世纪中叶开始的白银本位时代，明清政府就遭到国内白银余缺受国际白银供给波动的困扰了。[1]法币的推行，不仅彻底改变了中国自明朝以来的白银币制，也使中国越过金本位而直接演进到纸币时代。沉痛教训至今仍值得记取。

第一，外汇为锚的局限性。

外汇本位币制对于币缘"外围"国家，本身就是一把双刃剑。它替外围国家节约了构建货币信用的成本，但也加剧了该国货币体系波动的风险。对于一个经济体量大国来说，它还带来了另一重悖论：一国只有获得足够的外汇储备，才能满足其国内经济增长和要素货币化的需求，否则将导致货币供给短缺和信用不足；但想要有充足的外汇储备，就要有足够的出口乃至大量的进口，这不仅意味着对"中心"国家让渡铸币税，还意味着对外依存度提高，外需、外汇等风险敞口增加。战争中的民国饱受外汇不足之苦，时下之中国则面临对外依存度过高的风险。

第二，依附地位的制约性。

半殖民地条件之下的国民政府深受"依附理论"给定的

规律约束。当时无论选择何种外汇本位，对与此利益密切相关的列强来说，都意味着一个超大型国家的铸币税收益将被一家独大地占有，帝国主义国家在华的势力均衡格局被改变，势必会引起本国相关国际环境的重大变化。

国民政府的法币命运，还受到与地缘格局紧密相关的币缘格局的影响。比如，当主导国家在第二次世界大战结束后，将币缘运作的重点转向"成为全球货币"，并为此构建了"布雷顿森林体系"，对法币的外汇援助骤然缩减到几乎为零。国民政府要调整国内的生产换取外汇来维系本国货币稳定，加剧了内外经济关系的矛盾性，其结果当然是人不可能拔着自己的头发离开地球，或者说，"人不能用制造问题的方式来解决问题"。

更重要的是，一旦陷入依附地位，则进退维谷。维持依附关系要长期支付成本，"去依附"则要短期内支付极高乃至倍加的成本，以摆脱对原来制度的路径依赖。如此看，建国初期的恶性通胀，客观上是民国依附体制之成本的延续；而中国要"去依附"，用什么来支付成本？只能继续依靠新中国政权建立的基础——农村地权和土地革命，只能继续对农民进行革命动员。要在主权独立的条件下彻底治理通胀，建立主权货币信用体系，只能让农村剩余与国家资本相结合，形成构建主权货币的经济基础。

第七章
结语：对发展经济学的创新和对发展中国家的启示

从历史视角看，全球"中心"国家主导的全球化条件下，"去依附"是一个需要不断支付成本来维持主权独立性的历史过程。在当代金融资本全球深化中，已经在产业资本上"去依附"的国家也会对金融资本霸权"再依附"……

第三，微观调控的不可控性。

私人资本在长期高通胀之中一般都会"脱实向虚"，将资金从实体经济析出转向投机炒作。对民国年间平津200家以上的行庄调查，96.6%以上的资金都是从事间接或直接投机的，投入生产的资金只有1.7%—3.4%。[2]这种情况下，只掌握有限外汇、贵金属和实物并且尚未完成政治整合的中央政府，不可能有力地逆周期调节市场投机行为，政府抛售压价反而成了对投机商的巨额补贴，就连官方资本都以各种方式进入投机市场，腐败横行，最终搞垮了整个信用体系。

总体来看，国民政府以外汇储备作为发行货币的依据，虽然在当时有不得已之因素，但其罔顾本国国情而照搬西方制度推行币制"深改"，最终付出了政权败亡的惨重代价。

中国经验表明，新政权综合使用政治、军事、经济等多种手段，治理了通货膨胀与投机经济的恶性循环，才改变了"越增发货币越促进投机"、量化宽松（QE）创造的增量货币就是不进实体经济的局面。本书做出这种归纳，还在于这个历史过程所表达出的其对当前问题的借鉴意义。

毛泽东说，历史的经验值得注意。如果说1950年前连续13年的通货膨胀是西方国家经济大萧条的代价向中国转嫁的派生现象，进而演化为国民政府在战争和通胀压力下不断加深对美元的依赖，那么，**土地革命中新诞生的国家政权不依靠外援、切断美元依赖，而以国内农村实体经济的力量成功抵制了物价飙升**，就可以视为一个主权国家在漫长的"去依附"斗争中所取得的一个重要的阶段性胜利。

按说，**在民国延续而来的多年高通胀压力下，大量资金从实体产业转向投机领域乃是自由市场经济条件下私人资本只能顺周期的客观必然**。既然中国从1947年就明确了认同私人资本为主体的民族资本主义，并且在1950年打击投机助推的高通胀之后即着手推进"新民主主义"发展战略，那就势必遭遇萧条阶段，势必出现实体经济衰退。

当年，**没有被利益集团左右的新政府应对衰退的主要手段，就是国家直接出手"做多"为特征的"逆周期调控"**。归纳其经验，主要是以分散的小农经济和集中的国家资本为调控基础；并且，**这两个看似对立的方面只能被政府直接组合**。中国在政权刚确立时就成功熨平城市资本危机的经验，对其他发展中国家的借鉴意义，怎么强调都不过分。

此外，新中国战胜恶性通货膨胀的历史性意义还在于，它宣告了中国始自1935年之国民政府的币制改革姗姗而至的

第七章
结语：对发展经济学的创新和对发展中国家的启示

"成功"——中国历经两代政权才建立起了"主权货币"体系——与英、美、日等国家短时间就放弃金本位相比，承接了西方输入型危机和内部战争双重成本的中国的纸币化改革，至此方告一段落。

从此，中国正式揖别了从明朝开始的长达500多年的白银币制。在一个**"没有货币史，只有货币贬值史"**的世界经济体系中，也许**放弃贵金属本位才可能与其他货币进行竞争**，这本无所谓对错……

可见，只要人们不再把西方先发国家的"现代化"进程中形成的制度体系及其思想理论作为后发国家必须遵循的绝对正确的意识形态，就能理解1949年中国实际上是用"去现代化"化解了现代化危机，也就能据以解释，新中国如何依靠农村高度组织化走出民国长期恶性通胀。

据此，我们可以提出从特殊性上升到一般性的归纳，做所谓"价值中立"的分析。

其一，独立主权条件下的实体经济是主权货币的基础。

在外部制裁和封锁条件下，这个分散小农户传统手工农业为主的独立主权国家保住革命成果的关键经验就是：**国家在确立以维持生计中最重要的主食农产品为主要币值计量标准的条件下，锁定其与主权货币的对应关系，这相当于连浮动利率都得到了稳定预期**。由此，就能以农村实体经济的稳定增长及以基本农产品为基础的"折实"来保证不出现恶性通胀；也随之在此基础上构建了财政、金融与生活物资分配的紧密相关，据此推动人民币成为城乡普遍接受的国家信用工具。这一切，都有进一步巩固新中国独立主权的作用。

其二，改变单一经济结构才能摆脱殖民化的"发展陷阱"。

放眼全球，很多发展中国家因在农业长期被当作"第一产业"的时候，其实质却是被锁定为单一初级产品规模化输出地区；且因物流和贸易结算等均有宗主国的跨国公司掌控而**丧失定价权**。于是，就连确定主食农产品与货币对应关系的基础都不具备：二战后解殖独立的发展中国家，往往因农业经济结构单一而不能实现基本生产生活消费品（包括现代工业生产和传统手工生产）在国内的自给；若选择从外部进口，即使不考虑贸易制裁、封锁等因素，以正常市场条件下的进口价格加上物流等成本，销地价格也会高于产地价格，且都需要用本已稀缺的硬通货支付——因此，即使该国短期内有巨大的超额收益（比如国际油价陡然上涨给石油出口国短期带来巨大收益），有支付进口食品的财力，也往往只是昙花一现。如果不能在国内对民众进行广泛的生产动员，启动进口替代战略，则按市场化条件下的常规套路并不能改变该国食物与硬通货匮乏的局面。

第七章
结语：对发展经济学的创新和对发展中国家的启示

其三，城乡二元结构体制下才能以"组织化的劳动"替代极度稀缺资本。

以上发展中国家的普遍困境，又引出了另一个世界性难题：**资本稀缺条件下难以有效动员劳动力，来进行宏观层面的劳动对资本的要素替代[3]，是发展中国家面临的普遍矛盾。**

从历史比较来看，西方现代化的序曲是殖民化，把古代希腊罗马的奴隶制度滥觞到美洲、大洋洲、非洲等殖民地新大陆；西方的工业化资本原始积累是在被殖民国家的鲜血和泪水中完成的，如此才有了所谓发达国家进入工业化的条件。因而，这个条件在一般发展中国家显然并不具备。

诚然，不少发展经济学家曾围绕"劳动创造资本"假说来阐释发展中国家的工业化道路。

阿瑟·刘易斯等人就认为当物质资源极度匮乏、资本积累基础过于薄弱的时候，人们可以充分发挥自己的能动性和创造性，用自己的双手去创造物质，弥补先天性的资本不足。比如，可以廉价甚至无偿动员大规模的群众力量去疏通大江大河，构筑堤坝，这些都将是劳动创造资本的典范。[4]

然而，这些西方理论描述的依据只在殖民化历史中才有。理论家们虽然设想了在最艰苦的条件下，劳动要素能以最原始的方式参与到资本创造活动中去，对资本积累发挥直接作用；但是，对于这些劳动投入怎样在资本稀缺的条件下转化为工业化必需的资本原始积累，仍然没有合理的答案。从现实情况看，刘易斯所提出的二元结构下的劳动力流动模型并不适用于工业化初期资本匮乏的阶段，更不适用于中国 1949 年严重通货膨胀的情形。

概而言之，这些理论在一般发展中国家还没有成功的案例。**因为，如果一国的基本品大量依赖从国外进口，那么，由劳动力再生产成本所决定的劳动力价格势必高于商品原产地，那也就意味着该国没有对劳动力进行低成本动员的可能，并且，任何以货币来组织劳动力投入的方式都会加剧资本稀缺。**

不过，放眼东方，就可以发现：中国早在这些西方理论问世之前，就已经**通过城乡二元结构体制下对农村劳动力进行低成本动员**，并成规模地投入国家工程建设，从而有效地缓解了资本稀缺问题。

总之，依靠土改所形成的劳动力低成本动员机制，不仅在建国之初有效地遏制了通货膨胀，也是后来**遭遇资本稀缺困境时通过劳动力替代资本**，从而成功进入工业化的核心经验。[5] 对此如何做理论归纳是学术问题，但在本质上也是个话语权问题。

极目发展中经济体，除了中国，还没有哪个国家/地区能让一两代人为了国家资本的原始积累而甘愿做出牺牲，何况，这种牺牲对于已经在土地革命战争中被广泛动员起来的亿万农

第七章

结语：对发展经济学的创新和对发展中国家的启示

民群众而言，根本不可能是无意识的。

据此，任何涉及国家资本的后续制度演变，都应该把价值化地体现亿万人民的劳动投入和社会合作作为基本原则。

这个构建"物资本位的货币体系"[6]的中国经验，本应该作为发展中国家依据自身国情来构建货币主权，进而以此为核心来构建经济主权，扭转西方贵金属本位和外汇本位之币制道路的典型经验，因而，这对广大发展中国家应对金融危机有巨大的参考价值。

然而，1953年中国因大规模上马苏联援助项目，而不得已在多个领域实施统购统销，遂使得刚站稳脚跟的人民币再度失去作为独立货币的地位，引起众多后来意识形态的"瓦缶雷鸣"之议，这段经验也被束之高阁……

中华人民共和国成立70周年之际，后人终于可以根据广泛的国际比较下形成的研究视野，以及躬耕乡土一步步提炼出"3P"和"3S"的问题意识，初步形成一个物资折实与货币信用的相关性假说。

先简要介绍一下"3P"和"3S"的内容和完善过程：

作者在2005年与青年志愿者一起讨论中国乡村建设经验时提出"3P"：人民生计为本（People's Livelihood Sustainability），人民联合为纲（People's Cooperate Solidarity），多元文化为根（People's Culture Diversity），后整理为乡村建设运动的

"最低纲领"。2015 年,在开展乡村建设运动多年之后,团队将"3P"修订为:农民生计为体(People's Livelihood Diversity),多元文化为用(People's Culture Dignity),社会参与为纲(People's Participatory Sustainability)。"3S"是团队 2010 年在香港岭南大学主办首届"可持续发展南南论坛"上提出来的,当时大家针对"南方陷阱"开展讨论,集思广益地在"3P"基础上进一步归纳出"3S"作为南方可持续运动纲领:在维护资源主权(natural sources sovereignty)的基础上,强化社会联合(social solidarity),达至可持续安全(sustainable security)。随即,"3S"成为可持续发展南南论坛宣言的宗旨。

对照建国初期这段历史,我们认为:只有植根于"耕者有其田"的原住民文化,才能形成面向城乡民众的广泛社会合作动员,以此调动绝大多数民众参与国家建设来充实物资基础,建构起满足人民基本生计需求的主权货币体系。

只有掌握了核心的货币主权和经济主权,才有可能将国民储蓄转变为有效投资,服务于国家的可持续安全。

简言之,只是在"3P"+"3S"条件下,才能证明发展经济学理论最为核心的"S=I"命题。[7]

第七章

结语：对发展经济学的创新和对发展中国家的启示

注释

1. 韩毓海:《五百年来谁著史:1500年以来的中国与世界》,九州出版社2009年版,第129页。

2. 南汉宸:《新民主主义的金融体系和国家银行的任务》,1949年12月19日;转引自中国社会科学院,中央档案馆编:《1949—1952年中华人民共和国经济档案资料选编:金融卷》(上),中国物资出版社1996年版,第10页。

3. [美]亚历山大·格申克龙:《经济落后的历史透视》,商务印书馆2009年版。

4. 刘易斯论述说:"按新古典模型,只有从生产消费品抽出资源才能创造出资本,但是在我们的模型中有剩余劳动力,而且如果劳动的边际生产率为零,同时如果不从其他用处中抽出稀缺的土地或资本,也能靠劳动创造出资本,则资本可以在不减少消费品产量的情况下创造出来,没有土地生产不出粮食,但是,道路、桥梁、灌溉渠道和建筑物等,都不用什么资本就可以靠人类劳动创造出来。即使在现代工业国家里,适宜于手工劳动的建筑活动也占固定投资的50%—60%。"参见阿瑟·刘易斯:《二元经济理论》,北京经济学院出版社1989年版,第20页。

5. 董筱丹,杨帅,薛翠,温铁军:《中国特色之工业化与中国经验》,《中国人民大学学报》2011年第1期。

6. "物资本位"的归纳最早见于薛暮桥在山东解放区与海外媒体的访谈。

7. 发展经济学家德布拉吉·瑞指出,发展经济学的一个核心线索是研究储蓄如何转化为投资,即如何使得"S=I"能够成立。然而,从实际历史进程看,大多数发展中国家的教训,都是对发展经济学这个核心逻辑"S=I"的证伪——发展中国家因被迫维持殖民化的单一经济结构,只能作为资源产地,其物流贸易结算等高附加值领域均被跨国公司控制,因而无法增加社会储蓄,银行就没有形成信贷投资的资金来源;客观上,发展中国家的被掠走的财富(强制储蓄)成为发达国家的投资的主要来源,而其投资又在相当大程度上是服务于战争需求的。参见董筱丹,杨帅,薛翠,温铁军:《中国特色之工业化与中国经验》,《中国人民大学学报》2011年第1期。

图书在版编目（CIP）数据

去依附：中国化解第一次经济危机的真实经验 / 董筱丹，温铁军 著.
—北京：东方出版社，2019.10
ISBN 978-7-5207-1073-2

Ⅰ.①去⋯　Ⅱ.①董⋯ ②温⋯　Ⅲ.①经济危机—研究—中国—民国
Ⅳ.①F129.6

中国版本图书馆CIP数据核字（2019）第116004号

去依附：中国化解第一次经济危机的真实经验
（QU YIFU: ZHONGGUO HUAJIE DIYICI JINGJI WEIJI DE ZHENSHI JINGYAN）

作　　者：	董筱丹　温铁军
责任编辑：	袁　园
出　　版：	东方出版社
发　　行：	人民东方出版传媒有限公司
地　　址：	北京市东城区朝阳门内大街166号
邮　　编：	100010
印　　刷：	北京文昌阁彩色印刷有限责任公司
版　　次：	2019年10月第1版
印　　次：	2024年7月第27次印刷
开　　本：	640毫米×940毫米　1/16
印　　张：	18.75
字　　数：	159千字
书　　号：	ISBN 978-7-5207-1073-2
定　　价：	56.00元

发行电话：(010) 85924663　85924644　85924641

版权所有，违者必究
如有印装质量问题，我社负责调换，请拨打电话：(010) 85924602　85924603